宁波工程学院学术专著出版基金资助出版

外贸产业重构问题研究

——基于新平台下的宁波实证

唐连生　刘铁莉　著

中国时代经济出版社有限公司

图书在版编目（CIP）数据

外贸产业重构问题研究：基于新平台下的宁波实证 /
唐连生，刘铁莉著 .—北京：中国时代经济出版社有限
公司，2020.4

ISBN 978-7-5119-3002-6

Ⅰ.①外… Ⅱ.①唐… ②刘… Ⅲ.①地方外贸—产
业发展—研究—宁波 Ⅳ.① F752.855.3

中国版本图书馆 CIP 数据核字（2020）第 040114 号

外贸产业重构问题研究——基于新平台下的宁波实证
WAIMAO CHANYE CHONGGOU WENTI YANJIU
——JIYU XINPINGTAI XIA DE NINGBO SHIZHENG
唐连生　刘铁莉　著

出版发行：中国时代经济出版社有限公司
社　　址：北京市丰台区玉林里 25 号楼
邮政编码：100069
发行热线：（010）63508271　63508273
传　　真：（010）63508274　63508284
网　　址：www.icnao.cn
电子邮箱：sdjj1116@163.com
经　　销：各地新华书店
印　　刷：天津雅泽印刷有限公司
开　　本：710 毫米 ×1000 毫米　　1/16
字　　数：201 千字
印　　张：12
版　　次：2020 年 4 月第 1 版
印　　次：2020 年 4 月第 1 次印刷
书　　号：ISBN 978-7-5119-3002-6
定　　价：56.00 元

作者简介

　　唐连生，男，宁波工程学院教授、硕士生导师，研究方向为电商供应链与系统仿真、数字经济。近年来主持和参与多项国家级、省部级课题，获得省部级奖励两项，在 CSSCI 和中文核心期刊上发表论文多篇。

　　刘铁莉，女，1973 年生，宁波工程学院电信学院讲师，工商管理硕士，主要研究产业经济。近年来参与多项国家级和省部级课题。

内容简介

  本书以新平台下的宁波外贸产业形势为例，全面探讨了我国的外贸产业重构问题。全书分为外贸、物流运营、多式联运、交通四篇，详细阐述了外贸产业链各个环节现状、运营模式和发展形势，分解和融合了外贸产业链的各项活动，并提出了一些实用的外贸产业重构设想和对策，为我国外贸企业构筑新的竞争优势提出了新的思路。

  本书可供相关领域教师、研究人员、学生参考，对此领域感兴趣的读者也值得阅读。

目 录

CONTENTS

第一篇 外贸

引 言 / 3

第一章 外贸产业链的形成规律 / 5

第一节 外贸产业链的基本理论 / 5

第二节 产业链组建 / 6

第三节 产业链的重构 / 11

第四节 新平台下"互联网＋外贸"产业链形成的客观规律 / 12

第二章 宁波外贸产业发展现状分析 / 15

第一节 宁波外贸发展现状 / 15

第二节 宁波外贸发展优势 / 16

第三节 宁波外贸运营情况分析 / 19

第四节 宁波外贸运行评价 / 21

第五节 宁波外贸产业的发展地位、层次 / 22

第六节 宁波外贸形势预测 / 23

第三章　宁波外贸产业链的解构 / 25

　　第一节　电商平台下传统外贸产业链概念及内涵 / 25

　　第二节　宁波外贸产业链存在的问题 / 33

　　第三节　与发达国家和地区的主要差距 / 39

第四章　宁波"互联网+外贸"产业链重构的思路 / 41

　　第一节　整合跨境电商生态产业链 / 41

　　第二节　定制化生产出口 / 42

　　第三节　提升产业链价值 / 43

　　第四节　价值链与产业链协同发展 / 44

第五章　宁波外贸产业链重构的对策 / 45

　　第一节　大力创新，改善产业结构 / 45

　　第二节　大力促进服务贸易发展 / 46

　　第三节　发挥产业园区集聚优势，做大主导产业 / 46

　　第四节　创新外贸集群的投融资 / 47

　　第五节　加快海外仓建设步伐 / 47

　　第六节　借助自贸区平台，大力拓展出口转内销渠道 / 48

　　第七节　完善法制建设，树立公平诚信 / 48

第六章　新平台下宁波外贸产业链重构的建议 / 49

　　第一节　创造良好的发展环境 / 49

　　第二节　进一步优化全市外贸结构 / 50

　　第三节　实施多种方式走出去拓市场 / 51

　　第四节　积极鼓励外贸企业自主创新实施产业升级 / 51

第二篇　物流

引　言 / 55

第一章　研究概述 / 57

第一节　研究背景和意义 / 57

第二节　港口集装箱物流 / 58

第三节　研究目的与内容 / 60

第四节　研究技术路线 / 61

第五节　研究方法 / 61

第二章　港口集装箱物流发展现状 / 63

第一节　总体概况 / 63

第二节　市场现状 / 70

第三节　运营模式 / 76

第四节　存在问题 / 82

第三章　集装箱物流发展形势与要求 / 85

第一节　发展形势 / 85

第二节　需求预测 / 87

第三节　港口定位 / 89

第四节　发展要求 / 90

第四章　集装箱物流服务体系构想 / 91

第一节　发展思路 / 91

第二节　基本原则 / 91

第三节 体系框架 / 92

第五章 港口集装箱组织与运营推进路径 / 95

第一节 完善港口集装箱物流基础设施 / 95

第二节 优化港口集装箱物流组织体系 / 97

第三节 优化港口集装箱物流运营体系 / 98

第四节 创新集装箱物流协同运作模式 / 100

第五节 建立集装箱物流动态监测机制 / 101

第六节 完善集装箱物流发展政策环境 / 103

第三篇 多式联运

第一章 研究概述 / 109

第一节 研究背景和意义 / 109

第二节 研究目的 / 110

第二章 江海铁联运与物流一体化的理论 / 113

第一节 江海铁联运与物流一体化的内涵 / 113

第二节 江海铁联运与物流一体化的作用 / 115

第三节 江海铁联运与物流一体化的价值 / 116

第三章 江海铁联运与物流一体化的发展态势 / 119

第一节 总体概况 / 119

第二节 市场现状 / 121

第三节 运营模式 / 123

第四节 发展中存在的经验教训 / 126

第四章　江海铁联运物流一体化发展形势与要求 / 127

第五章　江海铁联运与物流一体化建设构想 / 129

第一节　基本思路 / 129

第二节　基本原则 / 129

第三节　宁波港江海铁联运与物流一体化建设构想 / 130

第六章　措施与建议 / 133

第一节　加强组织领导 / 133

第二节　加强政策引导 / 134

第三节　加强资金扶持 / 134

第四节　加强人才培育 / 136

第五节　加强标准建设 / 136

第四篇　交通

第一章　宁波交通基础与发展环境 / 141

第一节　宁波交通基本情况 / 141

第二节　宁波参与长江经济带建设交通发展的优势和劣势 / 149

第三节　长江经济带建设中宁波交通的内涵解析与推进 / 152

第四节　长江经济带建设中宁波交通的机遇和挑战 / 156

第二章　海上丝绸之路和长江经济带建设背景下宁波交通的定位 / 161

第三章　长江经济带建设中宁波交通的目标、发展原则 / 165

第一节　宁波交通的发展目标 / 165

第二节 宁波交通的发展原则 / 166

第四章 长江经济带建设中宁波交通的作用 / 169

第一节 地区经济增长的拉动作用 / 169

第二节 流域经济与海洋经济的衔接作用 / 169

第三节 港口经济的腹地拓展作用 / 171

第五章 宁波交通地位与作用提升的对策与建议 / 173

第一节 加快"一枢纽，两平台"交通基础设施建设 / 173

第二节 向对外开放门户港和枢纽港转型 / 173

第三节 建立物流联盟和市场联盟 / 174

第四节 加快港口物流园区建设 / 174

第五节 逐步完善宁波交通建设的软环境 / 175

参考文献 / 177

第一篇

外贸

引　言

商务部《关于促进电子商务应用的实施意见》明确指出，到 2015 年使电子商务成为重要的社会商品和服务流通方式。Lazada、Jumia 等一批跨境电商的新平台出现，将国内外贸企业的目标进一步扩大到非洲、东盟等地区，宁波外向型中小企业通过这些新兴平台，努力推进宁波港口外向型经济发展。《电子商务法》和跨境电商新政的陆续出现，外贸行业规范化、机制化、规模化走上更高速发展的轨道，加快国家层面推动的互联网＋大政策向前发展，推动宁波外贸产业链向集成化、智能化、电子化方向发展，加速智慧经济城市的产业链重构进程。2016 年 4 月 8 日，跨境电商税收新政出台，预示着跨境电商野蛮生长的时期已经过去，电商的公平竞争环境逐渐形成，新的外贸规则和制度亟待制定。马云在 G20 峰会提出的 eWTP 将丝绸之路推向"普惠全球化"。跨境电子商务未来将成为主流外贸出口模式之一，并成为中国外贸转型升级的一个重要突破口。

在新平台推动下，电子商务与制造业、服务业的发展迅速融合，在战略层面超越了单一产业发展的意义。习近平总书记提出中国制造要向中国创造转型，电商平台是"双引擎""双驱动"的重要力量。中共宁波市委《宁波市人民政府关于深入推进"电商换市"加快电子商务发展的若干意见》明确提出，到 2017 年全市要实现跨境电子商务贸易额 70 亿美元的宏伟目标，必须通过外贸产业链解构和价值链重构实现产业结构换代升级，打造"网上自贸区"，增强宁波本土企业的国际竞争优势。

本书稿完成于 2018 年，数据使用年份相对较早，大部分截至 2017 年，为便于读者了解书中信息特此说明。

第一章 外贸产业链的形成规律

第一节 外贸产业链的基本理论

产业结构调整是国民经济和社会发展的永恒主题，国家"十三五"规划指出，推动外贸向优质优价、优进优出转变，支持企业扩大对外投资，深度融入全球产业链、价值链、物流链。要将宁波外贸产业结构调整的主线贯穿下去，切实发挥促进产业升级，推动经济向更高水平的小康社会迈进，必须以产业链的基本理论为指导。

西方经济学家早期的观点认为，产业链是制造企业内部活动，是指把外部采购的原材料和零部件，通过生产和销售等活动，传递给零售商和用户的过程。它是各个产业部门之间基于一定技术经济关联并依据特定逻辑关系和时空布局关系客观形成的链条式关联关系形态。产业链主要是基于各个地区客观存在的区域差异，着眼于发挥区域比较优势，借助区域市场协调地区间专业化分工和多维性需求的矛盾，以产业合作为实现形式和内容的区域合作载体。构建产业链涵盖接通产业链和延伸产业链两个层面。

一般而言，根据产业链内部企业之间供给和需求的依赖强度可以把产业链分为四种结构类型：资源导向型、产品导向型、市场导向型和需求导向型。产业链有内涵的复杂性、供求关系和价值的传递性、路径选择的效率性、起讫点的一致性四个显著特性和吸引投资、聚集企业，发挥比较优势、打造竞争能力，增强抗风险能力、稳定经济三大基本功能。产业链的培育主要表现在产业的配套类型（省内、国内、国际）及其配套半径上。产业链的"对接机制"像一只"无形的手"调控产业链的形成，此外，"企业内部调控""市场结构和行业间的调控"和"政府的宏观调控"对产业链进行着"四维调控"。

产业关联理论（或投入产出理论）和价值链理论对产业链理论起着关键导向作用。产业链与价值链之间有着本质上的联系，价值链理论阐述了产业链中的价值增值过程。分析、研究产业链的内涵、形成过程和运行机制离不开价值链理论的具体指导。价值链理论认为，企业的发展不只是增加价值，更要重新创造价值，价值的定义也由传统的产品本身的物质转换扩展为产品与服务之间的动态转换，这种转换导致产业集群。产业集群将简单的企业竞争演变为供应链竞争，核心企业在加强核心能力的同时，通过外包以及同其他企业建立战略合作关系等方式，形成企业间"双赢"的供应链合作模式。

第二节　产业链组建

一、产业链内涵

产业链是产业经济学中的一个概念，是各个产业部门之间基于一定的技术经济关联，并依据特定的逻辑关系和时空布局关系客观形成的链条式关联关系形态。产业链是一个包含价值链、企业链、供需链和空间链四个维度的概念。这四个维度在相互对接的均衡过程中形成了产业链，这种"对接机制"是产业链形成的内模式，作为一种客观规律，它像一只"无形之手"调控着产业链的形成。

产业链的本质是用于描述一个具有某种内在联系的企业群结构,它是一个相对宏观的概念,存在两维属性:结构属性和价值属性。产业链中大量存在着上下游关系和价值的相互交换,上游环节向下游环节输送产品或服务,下游环节向上游环节反馈信息。

其内涵是:

(1)产业链是产业层次的表达;

(2)产业链是产业关联程度的表达;

(3)产业链是资源加工深度的表达;

(4)产业链是满足需求程度的表达。

产业链是对产业部门间基于技术经济联系而表现出的环环相扣的关联关系的形象描述。区域产业链条则将产业链的研究深入区域产业系统内部,分析各产业部门之间的链条式关联关系,探讨城乡之间、区域之间产业的分工合作、互补互动、协调运行等问题。在经济实践中不少地区也在进行产业链构建与延伸的积极尝试。

二、产业链形成机理

随着技术的发展,迂回生产程度的提高,生产过程划分为一系列有关联的生产环节。分工与交易的复杂化使得在经济中通过什么样的形式联结不同的分工与交易活动成为日益突出的问题。企业组织结构随分工的发展而呈递增式增加。因此,搜寻一种企业组织结构以节省交易费用并进一步促进分工的潜力,相对于生产中的潜力会大大增加(姚小涛、席酉民,2002年)。企业难以应付越来越复杂的分工与交易活动,不得不依靠企业间的相互关联,这种搜寻最佳企业组织结构的动力与实践就成为产业链形成的条件。

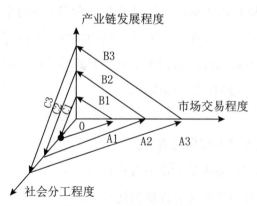

图1-1-1 产业链形成图

如图 1-1-1 所示，产业链的形成首先是由社会分工引起的，在交易机制的作用下不断引起产业链组织的深化。在图中，C1、C2、C3 表示社会分工的程度，C3>C2>C1 表示社会分工程度的不断加深；A1、A2、A3 表示市场交易的程度，A3>A2>A1 表示市场交易程度的不断加深；B1、B2、B3 表示产业链的发展程度，B3>B2>B1 表示产业链条的不断延伸和产业链形式的日益复杂化。三个坐标相交的原点 0，表示既无社会分工也无市场交易更无产业链产生的初始状态。

从图中所标小黑圆点处开始，而不是从坐标原点开始，意味着社会分工是市场交易的起点，也是产业链产生的起点。社会分工 C1 的存在促进了市场交易程度 A1 的产生，在 A1 作用下，需要 B1 的产业链形式与它对接，B1 这种产业链形式的产生又促进了社会分工的进一步发展，于是，社会分工就从 C1 演化到 C2。相应地，在 C2 的作用下，市场交易程度从 A1 发展到 A2，A2 又促进了产业链形式从 B1 发展到 B2。按照同样的原理，B2 促使 C2 发展到 C3，C3 又促使 A2 发展到 A3，A3 又促使产业链从 B2 发展到B3……如此周而复始，使产业链不断形成发展。

产业链形成的原因在于产业价值的实现和创造产业链是产业价值实现和增值的根本途径。任何产品只有通过最终消费才能实现，否则所有中间产品的生产就不能实现。同时，产业链也体现了产业价值的分割。随着产业链的发展，产业价值由在不同部门间的分割转变为在不同产业链节点上的分割，产业链也是为了创造产业价值最大化，它的本质是体现"1+1>2"的价值增值效应。这种增值往往来自产业链的乘数效应，即产业链中某一个节点的效益发生变化时，会导致产业链中其他关联产业相应地发生倍增效应。产业链价值创造的内在要求是：生产效率≥内部企业生产效率之和（协作乘数效应）；同时，交易成本≤内部企业间的交易成本之和（分工的网络效应）。企业间的关系也能够创造价值。价值链创造的价值取决于该链中企业间的投资。不同企业间的关系将影响它们的投资，并进而影响被创造的价值。通过鼓励企业做出只有在关系持续情况下才有意义的投资，关系就可以创造出价值来。

三、产业链组建

产业链组建是一个包含着许多相互联系相互交叉的过程的集合，包括一些现实企业所没有的过程，如产业链节点企业之间的监测、协调、利益分配等。产业链的组建一般是由核心企业根据当前出现的市场机遇和市场需求首先发起的。因此，这个发起组建产业链的核心企业就是这个产业链的链主（盟主）。链主完成产业链的初步设计工作，确定产业链的操作策略、市场预测、用户需求以及为满足这一需求所必需的技术和组织上的保证。链主除此之外，还负责产业链主要游戏规则的制定和日常管理协调工作。产业链的提升是对已有产业链的修缮整合，进一步完善产业链功能，提升产业链水平。产业链组建是建立一条产业链，产业链修缮是对已有产业链的修补、装饰，产业链修缮主要有产业链重构、产业链打造、产业链整合三种方式。

经济的持续增长、国内外主力消费人群的崛起、宏观政策的支持以及社会资本和制造企业的介入，成为过去几年外贸电商稳定增长的驱动因素，随着这些驱动因素的持续深化，外贸电商业将迎来新的发展机遇。与传统消费者不同，外贸电商消费更注重便捷、个性化、高品质的消费品质与习惯。仅 2017 年，在宏观政策鼓舞下，多家外贸企业获得社会融资，品牌效应持续凸显，获得资本青睐，这一趋势也将为外贸产业链重组带来更大的增长力量。

为适应外部环境变化，宁波市的核心外贸企业应基于产业价值链分析，通过组织上和空间上对产业链战略环节进行重新定位、调整和更换，借助浙江阿里巴巴等互联网平台优势，构造一种有别于竞争对手的新盈利模式，以获取独特竞争优势，这个过程就是外贸产业链重构，主要表现为价值重构、组织重构、空间重构。

四、数字化助力重塑价值链和行业重构

数字化为核心的新零售转型将引领外贸行业步入下一个零售生态，以消费者需求为中心，数字化成为新的生态下零售企业应对变化和挑战的重要手段。

一方面，外贸电商企业需要回归商业本质，通过全渠道建设数字化手段获得与境外消费者的持续互动和对消费者的深入洞察；另一方面，数字化进程的深入使外贸行业在线性供应链体系向网状的互联互通网络转变，利用数字化手段，供应链各节点构成网状互联，能够围绕消费者需求进行更加高效、精准、个性化的运营。

传统外贸由线下转为线上，线上线下融合的趋势正成为影响外贸行业发展的重要因素。外贸行业平台方更愿意和品牌商、经销商一起，共建智能分销网络，组建分销体系，用更低的成本、更高的效率、更精准的服务覆盖分销网络，也让数百万计个体外贸行业企业获得全渠道服务和数据支持，从而获得行业资源整合机会。

由外贸行业转型升级的需求催生了一批以技术服务、资源整合为着力

点的新型零售服务商，希望通过对供应链的整合优化以及对外贸企业经营管理的优化帮助企业提升业绩，以科技推动的新型服务模式和产品陆续出现，促使外贸行业的未来发展更加多元化。外贸企业需要以消费者需求为核心，充分运用数字化手段来整合和完善日常运营中的各个环节，通过持续提供高品质的便捷服务，保持企业的竞争力。

第三节　产业链的重构

一、产业链重构的概念

产业链重构就是按照产业价值链的分析，对产业链战略环节重新定位调整、更换的过程，就是重新构建一种有别于竞争对手的新的生产交易流程，使产业链拥有独特的竞争优势，并能带来产业链价值增值的新的生产经营模式，就是把产业链中的各个相关环节进行重新排列或重新组合的过程，就是不断地在全球范围内寻求资源配置最佳模式的过程。

产业链重构是一个复杂的动态过程，涉及每个企业的内部因素、外部因素等诸多因素。核心企业要根据自己的定位，在分析现有产业价值链的基础上，根据链内链外因素的变化动态地重构产业价值链。在经济全球化和信息技术快速发展变化的今天，产业链之间的竞争日益激烈，没有永远持续有效的价值链。一旦条件发生了变化，有效的价值链不再有效，就必须再次重构价值链。所以，产业链重构是一个动态的不断调整完善的过程。

二、产业链重构的目标及策略

产业链重构的目标就是保持产业链的独特竞争优势，提高产业链的持续竞争优势，实现产业链价值最大化。企业竞争优势是指企业经过长年积累而具备的在短时间内不容易被其他企业复制的、特有的"专长"和"特色"，没有竞争优势的产业链是很难稳定发展的。迈克尔·波特提出了具有竞争优势的企业通常所采用的三大战略：成本领先战略、独树一帜战略、目标聚集战略。产业链重构的核心策略就是顾客价值最大化，也就是为顾客提供最大、最多、最好的价值，为顾客提供有更多实际用处、更好使用功能、满足更大利益追求的产品。具体操作策略就是低成本策略和差异化策略。所谓低成本策略就是通过各种有效途径，使产业链的总成本低于竞争对手的成本，以获得同行业平均水平以上的利润。所谓差异化策略就是要与众不同，独一无二，独具特色。

第四节　新平台下"互联网+外贸"产业链形成的客观规律

目前，中小外贸出口企业面临订单难、成本高和融资难的问题，一些企业受到共享经济模式启发，利用互联网和大数据平台打造外贸行业的F2B[①]平台，去除中间商的环节，提供端到端的一站式服务，最终实现让全球贸易诚信而简单。新平台下的外贸产业链基于三个价值点：百分百真实买家、自动获取外贸订单以及银行利率低息融资。

随着科技手段不断提升，跨境电商平台、外贸托管平台、外贸综合服务平台等多项新业态层出不穷，主要为企业提供快速退税、产品宣传、外贸培训、外贸托管、人才招聘等深层次全产业链外贸服务。

不少平台根据外贸企业与物流合作的三种因素，提供包含融资在内的一站式、全链、全渠道的服务。如海格物流已经和GLS[②]平台实现战略合作，帮助执行GLS平台上所有的工厂物流。这样的强强联合将让中小外贸出口

---

① F2B: factory to business，意即工厂到企业。

② GLS: Global Local Service，意即全球本地企业。

企业的物流成本降至最低。

宁波是传统外贸大市，外贸产业关联度达 60% 以上。在外需不足，传统外贸产业呈现下滑趋势的背景下，发展跨境电商也被视为宁波外贸领域转型升级、重塑竞争优势的破局之路。将传统的交易流程电子化、大数据化并基于此对市场做出判断，摆脱传统外贸的信息孤岛。在依托互联网这个大平台下产生的海量基础数据，例如海关进出口提关单实时数据、关单统计数据、买家名录数据等等。电商平台产生的买卖交易数据、物流数据、资金流数据等在经过深度挖掘和分析应用后，可以给外贸企业带来更多的附加价值。

落实创新驱动发展战略，提高外贸出口企业全要素生产率，是新平台下外贸产业链重构的根本所在。只有掌握核心技术，拥有核心竞争力，在关键技术领域占据制高点，成为"互联网＋外贸"的先行者，企业才能在未来的竞争中获得主动权。

第二章　宁波外贸产业发展现状分析

第一节　宁波外贸发展现状

2017 年前三季度，全市进出口、出口和进口额分别为 5562.8 亿、3676.6 亿和 1886.2 亿，同比分别增长 22.7%、15.0% 和 41.1%，进出口、出口增速分别高于全国 6.1、2.6 个百分点，高于全省 6.8、4.7 个百分点，三项指标运行总体平稳，继续保持良好态势。

从数据上看，国际市场回暖明显，对欧美日传统市场出口稳步增长。宁波市对美国、德国、英国、日本出口同比分别增长 18.2%、11.9%、6.7%、2.7%，分别占全市出口 23.0%、5.2%、4.7%、4.2%，美国占比提升 0.6 个百分点，德国、英国、日本占比基本持平。

在传统市场复苏的同时，"一带一路"市场跑出了增长"加速度"。1 至 9 月，全市对"一带一路"沿线出口 951.1 亿元，其中对中东欧国家出口 128.3 亿元，分别增长 15.7%、22.6%，分别高出全市出口 0.7、7.6 个百分点。

日用消费品出口出现分化，机电类产品出口继续领先。1 至 9 月，服装、纺织、灯具、塑料制品、家具、鞋类、箱包七大类日用消费品出口同比增长 7.2%，消费品出口出现分化，服装衣着、灯具照明类、鞋类出口增速较慢，箱包类、家具、塑料制品增长较快。机电产品出口 2029.5 亿元，增长 17.1%，高于全市出口 2.1 个百分点，占全市比重 55.2%，较前 8 个月提升

1.2 个百分点，比上年同期提升 1.0 个百分点。高新技术产品出口同比增长 13.5%，占全市 6.5%。

民营企业出口增长 17.3%，占全市出口 68.7%，较上年同期扩大 1.3 个百分点；全市进出口前 108 家企业增长 35.6%，较前 8 个月提升 2 个百分点，增幅高出全市 12.9 个百分点，占全市 41.1%，比重提升 3.9 个百分点。其中，全市出口前 108 家企业出口同比增长 20.1%，高出全市 5.1 个百分点，有 91 家企业实现正增长。

作为十大外贸城市之一，宁波现有 8000 多家进出口企业，出口依存度 84% 以上。根据海关总署发布的报告，宁波综合外贸竞争力位于全国第三，凭借服装、电子、机械、轻工、化工等众多产业集群和 30 家左右上市公司，展现了经济结构的完整和经济实力的强盛。以技术、标准、品牌、质量、服务为核心的外贸竞争新优势正加快形成，新技术、新业态、新模式正在成为宁波市外贸发展的新动能。

第二节　宁波外贸发展优势

一、地理优势

宁波地处中国海岸线中段，北临杭州湾，西接绍兴，南靠台州，东北与舟山隔海相望，是长三角南翼经济中心和浙东交通枢纽，沿海有众多优良港口，其陆、海、空、水交通便利，有利于贸易运输，货物往来，是长江经济带重要节点城市，海上丝绸之路节点，是中国重要的对外贸易口岸和第一批对外开放城市，是目前浙江省外向型经济最发达、吸引外资最多、国际贸易和国际经济合作量最大的城市。

二、自贸区催生下的新机遇

在改革开放初期，宁波市就被规划为对外开放城市之一，有各种优势政策的扶持，对外经济基础雄厚，实力强，发展快。宁波经济的增长和外贸发展与宁波市政府的制度创新联系紧密。对外贸易的发展促使宁波市出台了一系列优惠政策，包括税收优惠政策、土地使用优惠政策、高新技术产业发展优惠政策等，制度创新是对外贸易发展的要求，也是对外贸易发展的结果。

自 2010 年起宁波与东盟自由贸易区建立密切合作关系，与东盟国家90% 的产品陆续实现"零关税"；2016 年"中国制造 2025"试点示范城市花落宁波，《中国（宁波）跨境电子商务综合实验区建设实施方案》和《宁波经济社会转型发展三年行动计划》正式落地，"单一窗口"、商务信息、物流信息"三位一体"的跨境电商综合信息平台建设逐步落实，关检一体化服务进程不断推进；2017 年中国（浙江）自贸区试点由舟山延伸扩大至宁波的提案提交人大，并有望获批。

三、独特的外向型经济发展模式

从改革开放初期北仑港启动建设到 1992 年北仑港建成，宁波的创新发展离不开一个"港"字。核心是通过进口贸易将大宗资源等分销到省市内外出口加工型企业，然后再通过出口贸易把"中国制造"的商品输出到国际市场，最终形成出口导向的外向型工业经济。宁波通过这种进出口贸易，不但将本地制造业及其商品推向了全球，还深度服务于"中国制造"走向全球，成为全球产业要素流转中心。

四、相对优势的产业块状经济

宁波具有典型的块状经济发展特征。以家电、纺织、汽配、文具等为主要产业的区、镇发展旺盛，产业块状分布、产业发展的区域性标志非常明显。

纺织业是宁波一大传统优势产业,门类齐全,结构合理,产值约占全市工业总量12%。就服装业来说,宁波市是"红帮裁缝"[①]的发祥地,有深厚的文化底蕴,全市有服装企业近2000家,拥有雅戈尔、杉杉、罗蒙、培罗成4个中国名牌,占中国服装产量的12%。

宁波同时也是中国三大家电生产基地之一,拥有家电整机生产企业3000多家,相关配套企业万余家,拥有奥克斯、方太、帅康等众多名牌。

宁波是世界塑料机械之都,产销量占世界一半左右,海天塑机是全球最大塑机制造商,海外各种著名塑机企业都已经在宁波落户。

宁波也是我国的主要汽车零部件生产基地之一。全市共有各类零配件企业2300余家,著名企业包括华翔集团、升龙集团,相关工业总产值占全国的3.2%左右。

玩具、文具行业也是宁波的重要支柱,全市有这类生产企业800多家,出口额占全国的三分之一,被誉为"中国文具之都"。

表1-2-1　历年港口、交通、邮电基本情况[②]

年份	港口货物吞吐量/万吨	集装箱吞吐量/万标准箱	货运量/万吨
2012	45303	1567.1	32616
2013	49592	1677.4	35409
2014	52646	1870.0	40407
2015	51004.5	1982.4	42083.2
2016	92000	2156.1	46300

---

① "红帮裁缝"发轫于清末民初,宁波作为当时最早与国外通商的口岸城市之一,不少裁缝曾为外国人(因外国人发色多为红色,戏称"红毛")裁制过服装,"红帮"之名由此而来。

② 宁波市统计局. 宁波市国民经济和社会发展统计公报[R/OL]. http://gtog.ningbo.gov.cn/.

第三节 宁波外贸运营情况分析

自 2013 年 11 月 27 日启动跨境电子商务试点业务的实单运作以来，宁波已陆续做到了"进口集货""保税备货""一般进口""直邮进口""小包出口"等业务全覆盖，之后又有网易等大平台的加入，跨境电商产业链不断完善。2016 年，宁波跨境电商试点业务进出口总额达 50 亿元人民币，但相对于口岸进出口总额来说比例仍然很小，对比 2015 年的 83 亿元，数字有所下滑。

2016 年 1 月，宁波获国务院批复成为第二批跨境电子商务综合试验区，全年新增跨境电商进口备案企业 253 家，其中新增上线企业 103 家，年末全市跨境电商进口备案企业已达 825 家，其中上线企业 295 家。2016 年全市跨境电子商务交易总额为 270.1 亿元，占全市外贸进出口总额的 4.0%，比上年提高 3 个百分点，其中跨境电商进口额为 53.6 亿元，出口额为 216.5 亿元，均居全国前列。全年全市网络零售额突破千亿，达 1024.6 亿元，2014 年以来年均增长 56.2%。

2016 年全市口岸进出口总额 11666.4 亿元，比上年下降 2.6%，其中出口 8793.2 亿元，增长 0.4%；进口 2873.3 亿元，下降 10.7%。外贸自营进出口总额 6262.1 亿元，增长 0.9%，其中出口 4359.4 亿元，下降 1.4%；进口 1902.7 亿元，增长 6.5%。全年新增对外贸易经营备案登记企业 3763 家，累计达 33391 家；全年有进出口实绩企业 17035 家。民营企业（包括私营企业和集体企业）出口额占全市出口总额的 67.7%，出口额增长 1.4%，拉动全市出口增长 0.9 个百分点。从产品结构看，机电产品出口额占全市出口总额的 54.5%；高新技术产品出口额占全市出口总额的 6.6%。从贸易伙伴看，直接与我市开展贸易往来的国家和地区达 223 个，其中欧盟、美国、东盟、拉丁美洲的贸易额占比分别为 21.6%、18.2%、8.6% 和 7.4%。对"一带一路"沿线国家进出口 1638.4 亿元，增长 5.9%，其中对中东欧 16 国进出口 156 亿元，增长 12.6%。

截至 2017 年 4 月 5 日，宁波跨境电子商务进口交易额达到 100.85 亿元，跨境电子商务进口业务共有试点电商 535 家；购物消费者数达 1924.9 万人；发货 5144.5 万单；实现备案商品 199765 余条，涉及 995 个 HS 编码。

表1-2-2　2012年至2016年宁波口岸进出口统计数据[①]　　单位：万美元

年份	2012	2013	2014	2015	2016
进出口总额	1975.8	2119	2186.1	1936.4	1716.68
出口总额	1317	1657.1	1362.9	714.29	1293.89

由表 1-2-2 可以看出，2012 年至 2016 年宁波口岸进出口总额增长有一定的波动，自贸区的优惠政策和跨境电商的迅猛发展对外贸进出口具有明显的刺激作用，受国际外贸市场下滑影响，外贸总量出现下滑趋势。商品销售总额和社会消费品零售总额每年均呈现稳步提升，受国际市场饱和度升高影响，汽车类增长比值下降明显，食品、饮料类消费占比下降主要是受总量影响，家用电器类增长明显。

表1-2-3　2012年至2016年商品销售总额
及类值增长比例统计数据[②]

年份	2012	2013	2014	2015	2016
商品销售总额/万亿元	1.06	1.22	1.44	1.78	1.72
社会消费品零售总额/亿元	2329.3	2635.7	2992	3349.6	3667.6

---

① 宁波市统计局. 宁波市国民经济和社会发展统计公报[R/OL]. http://gtog.ningbo.gov.cn/.

② 同上。

（续上表）

年份	2012	2013	2014	2015	2016
汽车类	4.80%	10.60%	7.60%	3.10%	1.80%
石油及制品类	19.70%	16.30%	14.90%	8.6%	—
食品、饮料、烟酒类	11.90%	7.70%	8.10%	16.40%	2.50%
服装鞋帽针织类	39%	14.90%	22.50%	39.30%	10.30%
金银珠宝类	19%	32.10%	—	0.2%	—
通信器材	33.30%	—	—	0.1%	—
家用电器类	—	—	—	22.20%	42.40%

第四节 宁波外贸运行评价

2017 年 1 至 4 月宁波外贸总体的运行现状：全市外贸进出口总额 2267.4 亿元，增长 24.9%，其中出口 1444.6 亿元，增长 14.2%；进口 822.8 亿元，增长 49.5%。进出口总体保持较快的增速，全年呈高开高走态势，月度波动幅度较小；全国排名保持不变，出口实力继续提高；港口城市，外贸依存度高；贸易结构不断优化，增长方式加速转变；新增中小外贸企业继续增加，进出口上亿美元企业增多；出口产品从"宁波制造"向"宁波创造""宁波智造"转变；由于金融危机，国际贸易保护随之加剧。

表1-2-4 2012年至2016年宁波贸易对象占比的统计数据[①]

	2012	2013	2014	2015	2016
进出口总额/万美元	9657269	10032895	10465045	10046583	17166853
欧盟	19.8%	20.10%	21.40%	21.10%	21.60%
美国	17.4%	15.60%	16.30%	17.50%	18.20%
东盟	—	8.20%	8.30%	—	8.60%

---

① 宁波统计年鉴委员会. 宁波市统计年鉴 2017 [M]. 北京：中国统计出版社，2017.

（续上表）

	2012	2013	2014	2015	2016
拉丁美洲	–	7.80%	7.50%	7.20%	7.40%
日本	–	–	6.30%	6.30%	–
大洋洲	4.2%	2.90%	5.10%	1.6%	–
非洲	3.27%	0.83%	4.50%	0.6%	

宁波的外贸企业近年通过加快产品结构调整，有效提升了出口商品的附加值。2017年1月份数据显示，技术含量更高、附加值更高的机电产品出口继续领先，如汽车零配件、通断保护电路装置及零件、电线和电缆的出口同比均保持两位数增长。机电产品超越传统的纺织服装，成为宁波第二大出口商品，预示了世界经济发展正走出低谷，进入一个新的发展阶段。

新业态成为外贸增长的新动力。2018年1月份，恰好是宁波跨境电商综试区建设一周年。数据显示，宁波保税监管场所进出境货物进口同比增长2.6倍，占全市进出口总额的9.7%，同比提高5.6个百分点。以技术、标准、品牌、质量、服务为核心的外贸竞争新优势在加快形成，新技术、新业态、新模式成为外贸发展新的动能。随着宁波外贸企业不断优化商品结构、贸易方式，加快培育竞争新优势和增长新动能，2018年全年外贸持续向好。

第五节　宁波外贸产业的发展地位、层次

宁波市的对外贸易中，机电产品的出口在工业制成品的出口中占据主导地位，成为宁波市对外贸易和经济稳定增长的重要因素。高新技术产品出口贸易逐年增长，贸易地位不断上升，正成为宁波出口贸易的新增长点。改革开放以来，中国的对外贸易方式主要由一般贸易和加工贸易构成，其他贸易所占比重很小。与全国相比，宁波第一出口贸易的方式是一般贸易

而非加工贸易，但是加工贸易的增长势头快于一般贸易。宁波加工贸易和一般贸易都保持良好的发展势头，一般贸易一直保持在 70% 以上，高于加工贸易近 50 个百分点，增长率也一直保持在 20% 左右，与此同时，加工贸易也呈现出加速发展的势头。

随着改革开放及中国加入世贸组织，宁波外贸出口呈现多元化发展趋势，直接与宁波发生贸易往来的国家和地区超过 200 个，欧盟、美国、日本继续保持宁波的前三大贸易伙伴地位，但市场集中度有所下降，传统市场得到进一步巩固，新兴市场得到拓展。

第六节　宁波外贸形势预测

跨境电商已经成为宁波外贸增长的重要动力，是创新驱动发展的重要引擎。"跨境电商 +"模式百花齐放，生态链日益完善。海曙服饰家纺、鄞州五金工具、余姚家电、慈溪家电、宁海家具等入围省产业集群跨境电子商务发展试点，实现产业集群与跨境电商融合发展。

2018 年外贸发展既面临新的机遇，也有不少的挑战。当前和未来一段时间，宁波外贸正处于结构调整步伐加快、新旧动能接续转换的关键阶段，长期向好的基本面没有变。随着党的十九大精神和习近平新时代中国特色社会主义思想全面贯彻落实及新发展理念深入人心，供给侧结构性改革持续推进，现代经济体系加快建设，创新驱动发展战略深入实施，中国科技实力增强、产业不断升级，以技术、品牌、质量、服务、标准为核心的国际竞争优势将逐步形成，为外贸发展奠定坚实基础。与此同时，"一带一路"、综合试验区、国家级新区等建设深入推进，宁波与世界各国的互利合作将进一步深化，为外贸发展提供新的广阔空间。

第三章　宁波外贸产业链的解构

当前全球经济缓慢复苏，将对新的世界经济和贸易长期发展格局产生深远影响。欧美等发达国家通过降低进口需求进入新的调整期，抑制了我国的外贸发展，加强区域合作是推动世界经济发展的重要手段。目前，新一代信息经济技术应用日益成熟，电商取代电子政务，成为信息化主要驱动力量，中国是第一电商大国，发展方向还局限于一般服务业、泛娱乐化，中国经济已进入新常态，产业结构转型升级已经到了紧要关头，劳动密集型发展思路正面临严峻挑战，其中典型的例子是东部沿海地区出现企业倒闭潮，部分企业迁往东南亚，甚至企业回流。在这样的信息化格局下迫切需要新的模式以加速"中国制造"向"中国智造"的转变。

第一节　电商平台下传统外贸产业链概念及内涵

一、外贸产业链概念

外贸产业链主要是指供应商将商品通过外贸流通到国外最终消费者过程中涉及的各个环节（上游供应商、中游由跨境电商企业构成的跨境电商平台、服务提供商、下游用户）及其关系。图1-3-1实线部分展示的是供应商将商品通过跨境电商平台流通到最终用户的具体过程，即首先由供应商将生产出来的商品在跨境电商企业的平台上进行推广展示，然后消费者或者企业在该平台选购商品，被选中的商品在下单并完成支付后，跨境电商企业将该商品交付跨境物流企业，国际物流公司对该商品进行运输配送，运输配送一般需要经过两次通关商检，也就是出口国和进口国的海关通关商检，最后成功地将商品送到消费者或企业的手中。其中还有一种简化流程，就是跨境电商企业省去一些环节，直接与第三方综合服务平台进行协商合作，让第三方综合服务平台代理其中的一些环节，比如物流、通关商检、支付等环节（见图1-3-1虚线部分），从而也能完成整个交易过程。

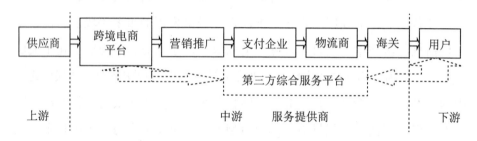

图1-3-1　外贸产业链流程图

外贸产业链具有如下特征：

（一）跨境物流成本较高

目前，跨境电商物流主要有四种模式，分别是邮政小包、国际快递、海外仓、专线速递。根据统计显示，通常情况下，国际物流成本占总成本的三成到四成，但是我国跨境电商的物流成本则超出该比例。这是因为跨境物流产业链和中间的环节相对普通国内物流而言，更长、更烦琐，其中，跨境物流流程中的海关和商检这两个环节相对来说，操作难度比较大且风险系数高，加上我国存在通关便利化问题，将直接或间接地引起跨境电商物流成本的增加。

（二）移动和跨境电商产业链之间的融合不够完善

如今移动支付已经成为电子支付的重要手段之一，但是发展迅速的移动支付仍然没有进入跨境电商产业链的服务体系。移动支付在跨境电商业务结算过程中的使用频率相对较低，且国内很少有企业开展跨境移动支付平台和跨境电商移动支付应用开发的业务。

（三）跨境电商产业链中信息流的重要性越来越高

未来跨境电商企业竞争的核心内容就是信息流。随着电商行业大数据技术的开发应用不断深入普及，许多电商企业尤其是跨境电商平台的提供者越来越重视对交易活动相关的数据进行开发、收集、分析，以此来改善流程、优化物流配置、挖掘潜在客户，信息流贯穿产业链的每一个环节，将会是跨境电商企业和平台产业链优化的重要依据和支撑。

二、外贸电商与传统外贸差异性分析

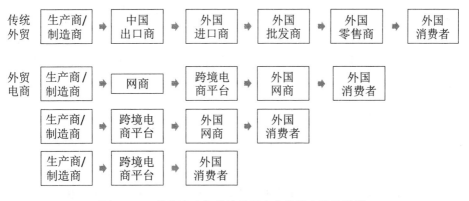

图1-3-2 外贸电商与传统外贸在产业链上的差异性

电商平台下的传统外贸有两种主流模式，一种是 B2B（Business to Business）进出口，线上线下融合的外贸模式，在规模化方式出口的情况下，按货物方式操作，类似传统贸易流程，运作规范成熟；一种是 B2C（Business to Customer）进口和 B2C 出口，其中 B2C 出口直面海外消费者，订单较小，频率高，一般采用快件和邮寄的方式出境，不纳入海关货物监管，在通关商检、结汇及退税方面存在问题。B2C 进口通过快件或邮件方式入境，满足国内消费者日常消费购物需要，不纳入海关统计，衍生大批水客、非法代购等问题，目前按现货和物品方式监管，可操作性差。

在传统外贸链条下，一件商品从中国工厂到外国消费者手中，要经过工厂—出口商—批发商—零售商—消费者五个环节，而外贸小额批发将此链条缩减为工厂—零售商—消费者三个环节，外贸 M2C（Manufacturers to Consumer，生产厂家对消费者）则从中国工厂直达国外消费者，减少了中间环节，也就减少了利润让渡，利润空间达到最大限度。

支撑整个外贸电商行业盈利的仍是中国作为世界工厂的优势地位。尽管越南、柬埔寨等周边国家正在蚕食中国的成本优势，目前中国仍是全球制造业的中心。中国生产的产品性价比高，在国际市场享有比较优势。以易宝为例，其网站上销售的主要是电子产品的移动设备及配件，而与香港一海之隔的深圳正是全球电子产品生产的大本营，产业集群带来的成本优势不言而喻。

外贸电子商务的配送速度等一系列物流问题，是外贸电商从业者普遍面临的最大挑战，也是电子商务的最后一个短板。少数外贸公司转型为跨国电子商务全程供应链解决方案提供商，为国内、国际卖家及瞄向国外零售市场的中小企业提供国际仓储与配送物流服务，从国际运输到海外仓储、订单配送、售前售后服务等一系列服务。"海外仓库＋物流配送""海外租赁"等新型商业模式得到迅速发展。比起 B2B 和 B2C，M2C 的模式将合作关系进一步前置，从制造端开始，匹配商家及消费者的需求。"国际 E 邮包""邮政小包"等物流模式受到国内卖家的欢迎，但国际支付和国际物流依然是外贸电商的短板。

三、宁波外贸产业链环节分析

外贸产业链环节主要包括上游供应商、中游跨境电商平台、服务提供商、下游用户几个环节，这几个环节环环相扣。

（一）上游供应商分析

上游供应商是外贸产业链的第一个环节，也是出发点和促进交易完成的关键点，是整个产业链形成的必要条件。

宁波"跨境电商＋"模式百花齐放，海曙服饰家纺、鄞州五金工具、余姚家电、慈溪家电、宁海家具等入围省产业集群跨境电子商务发展试点，传统制造企业通过植入跨境电商基因，直接对接海外市场，建起自有品牌。宁波传统的对外贸易形式主要是国内供应商将产品销售给国外的采购商，其中国内供应商大多是充当上游的代理加工厂的角色，制造高品质的产品，但是产品的品牌有可能不是国内供应商自己的品牌，而是通过贴牌销售出去的，大多数国外的消费者选购产品时，基本都只关注产品的品牌，而不关注该产品的制造商。宁波企业可以通过跨境电商平台将产品直接销售给海外消费者，有助于提升宁波本土品牌忠诚度，也有助于中国品牌走向国际道路。

2017年1至6月，宁波全市对美国、欧盟、自贸区、金砖国家、东盟市场出口同比分别增长22.5%、15.7%、21.2%、32.4%和16.4%。在传统市场复苏的同时，"一带一路"市场增速更快。2017年1至6月，宁波市对"一带一路"沿线国家出口635.9亿元，同比增长18.6%，其中对中东欧国家出口83.3亿元，同比增长26.3%。前10名的出口企业集中在北仑、大榭、鄞州、宁海、海曙等地，其中北仑和鄞州占据前200强多数席位。鄞州区因合并，总量超越北仑趋势明显。鄞州区电商发展速度快、水平高，交易规模及发展水平位列宁波市拔尖地位，此外经济总量也保持较高增长水平，也是宁波市核心区域。产业布局以石油化工、电子信息、电器、机械、纺织服装为五大支柱产业，有极其显著的优势。随着人力资源成本上升和竞争压力增大，慈溪、余姚等对成本较敏感的制造业外贸发展速度显著提升。

服务贸易正逐渐成为宁波外贸新的增长极。作为国际间相互提供服务的交易活动，服务贸易覆盖了运输、旅游、金融、通信等十二大领域，具有能耗低、产业附加值高等优势，历来是"兵家必争之地"。过去，在国际服务贸易的利益格局中，发达国家一直占据主导地位。然而，随着信息技术发展、国际分工深化及开放层级的提升，宁波的服务贸易崭露头角。继 2017 年 5 月宁波成功入选中国服务外包示范城市起，服务贸易正力争与货物贸易"比翼齐飞"。

跨境电商销售的产品种类主要以成本优势明显、标准化程度较高的 3C 电子产品、服装、汽配、户外产品等为主。相对传统的出口贸易而言，跨境电商的产品种类更为多元化、出口地区分散。目前，宁波跨境电商主要面向美国、欧洲、东盟、日本等发达地区市场中的中低端客户群体，同时俄罗斯、巴西、印度等新兴市场也呈现不断攀升的趋势。由于欧洲、美国、日本等发达经济体实施量化宽松货币政策，使得经济增长速度的步伐开始缓慢，因此宁波在制造产品方面的性价比优势在未来仍旧会继续保持稳定，部分过剩产能也可通过海外的消费市场推广出去。

（二）中游跨境电商平台分析

中游跨境电商平台是外贸产业链中的第二个环节，是上游供应商对产品进行对外销售所借助的平台，其中国内跨境电商平台主要有：全球速卖通、敦煌网、兰亭集势、亚马逊中国等，跨境电商平台的模式主要是 B2B 和 B2C。

1. B2B

B2B 又可分为小门户 + 联盟模式、行业类 B2B 模式、综合类 B2B 模式这三种主要模式。

小门户 + 联盟模式相对综合类、行业类网站而言极具竞争力，主要以生意宝为代表，通过联盟的方式，与各个行业的服务网站进行联合，并全面整合各个优势资源，最后进行整合性的服务内容供应。

行业类 B2B 模式与综合类 B2B 模式不同，主要是专门针对某一个行业进行的服务，是一种能够把更为专业化的信息以及相关的专业化增值服务提供给交易双方的模式，但是因为行业相互束缚的关系，不能有效地衔接上下游产业链，其发展受到一定程度的制约。

综合类 B2B 模式是当前的主流模式，基本涵盖所有的行业，在用户基础方面、行业范围方面均具有明显优势，如阿里巴巴、环球资源、慧聪网等，占 B2B 市场份额一半以上。

2.B2C

B2C 模式可分为百货商店模式、综合商场模式和垂直商店模式三种，其中百货商店模式、综合商场模式是目前我国 B2C 主要模式。目前宁波垂直电商模式较为稀缺，也是未来发展的方向。

（三）服务提供商分析

服务提供商是外贸产业链第三个环节，贯穿全部产业链，辅助产品顺利完成交易，在产业链上起到承上启下的作用。产业链更加关注营销推广服务、外贸电商支付服务、外贸电商物流服务三个方面的作用。

1.营销推广服务

上游供应商提供销售的产品，在跨境电商平台上进行产品推广及展示，跨境电商平台协助供应商进行营销推广服务来吸引大量的用户，只有用户在平台上交易，跨境电商的整个产业链才能运作起来。营销推广服务的目的就是使商品的相关信息能够在企业和客户之间进行自由的流通，是电商发展过程中一个重要的组成部分。多数跨境电商营销成本占企业总成本的比例一般不超过三分之一，大部分平台卖家依旧是选择以平台内的营销手段为主，而品牌商和独立外贸 B2C 企业的营销推广手段则是选择以搜索引擎投放为主。也有部分企业选择社交媒体营销和电子邮件营销，社交媒体营销能够精确定位目标客户，互动性能够消除企业与客户之间的距离感，社交媒体交互性较强，大数据特征可以以较低成本进行社会舆论监控和市场调研，社交媒体的信息反馈完整，可以让企业获得较低成本的组织力量等优势，因此有许多外贸企业正在逐步试水社交媒体营销。

2. 电商支付服务

国际通用的电商支付方式包括 Paypal、Moneybooker、国际信用卡、银行转账等。国际支付是出口跨境电商服务的重要组成元素之一，由于国际支付过程中可能会涉及资金之间国际结算、不同种类货币之间进行兑换等，因此其安全性极其重要。支付的便利性也是提高用户直接体验的重要的环节之一。跨境支付与境内支付有所不同，跨境支付的付款方所支付的货币种类可能与收款方所需要或者要求的货币种类不一致，这就可能会涉及外币的兑换以及外汇的管制政策等问题。

3. 电商物流服务

电商物流是外贸产业链的重要组成部分，其运输渠道正趋于成熟化和多元化。目前主要采用邮政小包、国际快递、海外仓、专线速递等模式。

（四）下游用户分析

下游用户是外贸产业链的最后一个环节，也是上游供应商的最终目标。从宁波市外贸对象分布来看，主要市场还是集中分布在欧美发达国家，即美国、欧盟、东盟、日本、韩国，其中出口电商市场增长速度最快的是阿根廷、以色列、俄罗斯等新兴市场，出口增长最快的产品种类是机电类产品，其次是服装、纺织、灯具、塑料制品、家具、鞋类、箱包、日用消费品，消费品出口出现分化，服装衣着、灯具照明类、鞋类出口增速较慢，箱包类、家具、塑料制品增长较快。大宗商品价格持续回落，"一带一路"中的东欧国家进口继续保持快速增长。进口方面，2017 年 1 至 9 月，全市进口前20 位商品进口价格较去年同期上涨 21.3%，数量增长 17.9%，与前 8 个月相比，价格回落 0.8 个百分点，数量提升 1.3 个百分点。美国仍是宁波市最大、最主要的外贸出口市场，其次是欧盟。

从用户消费行为分析来看，俄罗斯、巴西、以色列、阿根廷等国培养新兴市场的网络购物行为习惯开始不断养成，目标增长购买力潜力较大，欧美国家的网络购物行为较为成熟和理性，消费者对食品的需求从最开始的追求低价逐渐向追求品质转移，消费行为发生改变、升级，为适应消费者需求的改变，企业必须输出更多高品质、高附加值的商品。

四、外贸产业链的相互关系

外贸产业链上的上游供应商、中游跨境电商平台、服务提供商、下游用户相互关联，环环相扣。上游供应商通过跨境电商平台吸引下游用户并在平台交易，由此产生服务提供商，服务提供商为了上下游之间交易的实现而产生，为上游提供营销推广服务、支付服务、物流服务，使得供应商所提供的产品能够顺利到达下游用户手中，是整个产业链的传送带。事实上，上游供应商与下游用户之间也可以直接形成一条产业链，而中游跨境电商平台与服务提供商是产业细分衍生出来的，各环节相互依存，不能独立发挥作用，产业链的协调共赢有助于促成交易的实现，提高整个产业链的效益。

第二节　宁波外贸产业链存在的问题

一、上游供应商存在的问题

（一）供应商所提供的产品同质化严重

第一，产业机构过于集中。宁波的产业大多数还是集中在制造业，工业产品主要是传统的劳动密集型产品，不管是大型机械设备还是文具、玩具生产。其产品设计、研发水平并不是很高，高新技术产品占出口总额比例很小，对外贸易中附加值不高。此外，服务贸易如银行、保险、电信、法律、会计、咨询等行业在国际上的竞争力较弱。同行之间竞争加剧，市场准入门槛较低，尤其是大量小微供应商，当3C产品在海外市场的销量剧增，市场加大投入生产或模仿，导致同质产品大规模出现，通过恶意降低售价等不良手段扩大自身在海外市场的份额。其受损失的不仅是供应商，也伤害了宁波跨境电商在国际市场的声誉和形象。

（二）供应商资金运作压力大

线上交易交货周期相对较短，发货速度要求高，但因为涉及跨国对外贸易，交易周期相对较长，发货速度也相对较慢。供应商必须拥有强大的资金周转能力，能够在货款到手之前保持良好的运营状态。

（三）商品质量参差不齐且品牌意识差

境外消费者在购买商品前很难详细了解产品的具体质量等信息，仿冒产品、劣质产品、信用欺诈等不良行为，导致供应商与消费者之间在信用、产品安全等方面相互持怀疑心态。产品本身附加值较低，产品的可替代性相对较强，加剧供应商之间的竞争压力。宁波本土品牌国际化的经验优势不充分，品牌营销的意识相对薄弱，营销手段单一，品牌竞争力不足。

（四）规模经济发展不足

企业参与国际贸易是为了进入国际市场，以扩大产品的市场销售，使企业能在扩大市场份额的基础上生产更多的产品，从而降低产品的平均生产成本，有利于降低产品的价格，提高产品在国际市场上的价格竞争力，最大限度地获取利润。宁波的绝大多数企业并没有真正实现规模经济，无法独立完成所有供应链环节的成本压缩，很难做到为了最大限度地降低成本或创造利润而出口。由于宁波企业（包括外贸企业）的规模体量偏小，宁波企业的生产成本普遍较高，生产率普遍较低，使得出口产品的换汇成本居高不下。

二、中游跨境电商平台存在的问题

（一）部分跨境电商平台未形成交易闭环

跨境电商平台最初是以信息展示为主，虽然市场潜力巨大，但是因为信用、支付、物流等因素的制约，跨境电商缺乏良好的商业环境，所涉及的金额较大、票据复杂，整个跨境电商行业发展速度缓慢。特别是工业品，许多产品本身只是整个制造业产业链中的一个中间产品，教育附加的服务起到关键作用，主要是指整个产品生命周期的一个外延服务。当前的跨境电商平台难以满足这个外延服务的需求，供应商还存在偏爱线下达成交易的方式，导致跨境电商平台的交易闭环未能最终形成，产生的交易数据不能够在平台上进行积累。

（二）综合服务能力薄弱

跨境电商平台与传统外贸不同，在"互联网+"背景下形成的新型集成中间商，需要直接面对分布在不同国家和地区的买卖交易双方，为他们提供相应的产品结构信息、支付结算服务、跨境物流服务等综合性服务。但从目前宁波市跨境电商发展状况看，相关平台企业以及相关职能部门的综合服务能力还存在欠缺，不能完全达到上述复杂综合性服务的要求。跨境电商平台企业对跨境业务的战略定位影响到综合服务能力的提升，相关企业对自身问题的认识不足，很难服务好客户，更不会持续投入大量资金、人力、物力等资源用于提高综合性服务能力。

三、服务提供商存在的问题

（一）第三方跨境电子支付存在风险

第三方跨境电子支付是一种新兴的服务方式，目前我国的第三方跨境支付还处在地区试点运行的阶段，因此存在相关的监管不力、资金寄存、资金信息不一致等风险。一是第三方跨境电子支付机构是在消费者确认收货以后才开始执行付款，因此会导致大量资金寄存在第三方支付机构的银行账户中；二是第三方跨境电子支付规避了个人外汇方面的额度限制，这样会使得外汇购买量攀升；三是互联网购物交易的真实性不能保证，若是相应的监管不到位，可能会出现资金非法转移以及非法洗钱；四是跨境电商的周期相对较长，使得资金交易存在时间差，这样可能会导致国际收支的申报与事实不相符；五是第三方跨境电子支付机构不仅掌握着大量的跨境交易数据信息，还掌握消费者和跨境电商的个人信息、银行卡信息等重要信息，若第三方跨境支付机构的操作技术存有漏洞或者通信存在异常，可能会导致信息泄露、交易不准确等风险。

（二）跨境物流体系不健全

国内跨境电商的迅速崛起，给外贸物流企业带来了一个新的契机，从而使得外贸物流企业数量攀升。如果跨境电商交易的产品是低值易耗品，其价格原本就不是很高，此时再把运输该产品的跨境物流费用分摊到该产品价格之上，可能出现产品价格超过消费者对该产品的预期甚至高于消费者所在国的产品价格的现象。跨境电商物流一般是使用国际快递或者国际外贸小包的跨境物流运输形式进行小批量的跨境运输，虽然这两种运输配送方式较为简单快捷，但是这样会使得单件产品的运输成本较高，同时跨境物流还存在运输时间较长、邮费较高、丢包率较高、风险较大等问题。在整个跨境电商的交易过程中，简洁、便利、高效、安全的物流配送服务能够极大提高用户的购物体验，如果因为跨境物流的问题影响了用户的购物体验，那么卖家可能会失去一位稳定的客户。此外，跨境物流还存在交易成本的问题，交易成本存在于交易的整个过程，比如交易前期的准备与筹划，交易后期的外贸物流服务、解决退换货纠纷等问题，因为我国外贸物流体系不够完善，导致跨境物流的交易成本得不到有效降低，从而导致跨境电商企业不能够得到长期均衡的经营与发展。

（三）营销推广存在的问题

由于跨境电商具有盈利高、增长快的特征，大量企业纷纷加入跨境电商行业中来，企业只要能够合理把握在国内外市场中价格的差异，就可能会有效地实现跨境电商业务的拓展，大量的企业采用相同营销方式以及相同的市场定位，这种相同的营销手段和市场定位不仅会阻碍跨境电商的发展，而且会严重影响市场价格稳定与发展。因此，虽然企业间的价格战对消费者利益来说是有利的，但是其严重制约了整个市场的进一步发展，会造成不良后果。

四、下游用户面临的问题

（一）售后服务难

不管是国内客户还是国外客户，在海外购买商品，拿到货物后，如果想要退换货物时，该货物的售后服务或多或少都会遇到一些不必要的麻烦。由于退换货物涉及跨境通关、商检、跨境物流等环节，因此退换货后的商品很难能够拥有顺畅的通道返还到国内，其中退换货物的费用是需要消费者自己承担的，有时可能会出现退换货物的费用严重超出该货物本身价格的现象；跨境购得的商品在维权方面、丢包处理方面、售后服务方面等问题上都需要耗费大量的时间、精力以及成本，很容易导致消费者产生放弃购买跨境商品的想法。

（二）语言不同导致沟通存在偏差

外贸产业链中的下游用户都是境外客户，来自不同的国家，语言不同，行为习惯也不相同，由于信息的不对称，很容易出现各式各样的问题，最终会极大地影响用户体验，降低顾客的忠诚度以及客户的黏性。

根据商务部数据，在我国跨境电商平台上成功注册并登记的卖家中，有九成以上的卖家是个体商户或者是中小型企业，而我国出口跨境的主要目的地是美国、俄罗斯等国家，同时在面对来自俄罗斯、巴西等非英语国家的客户时，由于买家语言的差异及其缺少对中国市场的了解，导致其无法使用准确的英语表达自己想要表达的内容，同时我国卖家在理解买家的语言表达时可能会存在一定的障碍，更是难用英语对买家的问题做准确的答复，即使答复了，中间也可能会存在一定的理解上的偏差，甚至会出现客户收到的货物不是自己想要的，与期待的不一致，进而可能会引发信任危机等问题。

五、产业链衔接存在的问题

（一）产业链本身不完善

从宁波外贸产业链发展状况来看，目前外贸产业链优化升级的工作没有得到很好的落实，使得一些产业链出现很低级的问题，甚至有些出口跨境电商产业链出现缺少某一个环节，导致无法充分发挥外贸出口的独特优势，阻碍了外贸产业链的完善。目前，宁波外贸电商产业链进入的门槛相对较低，部分企业可能会为了赚取更多的利润而通过一些不正当、不合理、不合法的手段来提高销量，从而在出口跨境产业链中形成不良的竞争，甚至影响宁波的对外形象。

（二）环节间互动及协同程度低

目前，宁波外贸企业的服务无论是在深度方面还是在广度方面都存在不足，其发展的空间与潜力都没有能够得到很好的发挥，没有发挥对外开放港口区位应有的作用。一方面，一些外贸企业服务还处在网上发布信息、线下再进行交易的层面，使得跨境电商平台的服务功能没有发挥应有的作用，在线交易比例较低；另一方面，跨境电商服务所涉及的环节覆盖面较小，产业内部和产业相互间的互动及协同程度相对较低，跨境电商服务的作用无法有效地发挥出来。

（三）外部市场的竞争压力

随着全球化的不断发展，如印度、越南和一些东盟国家努力发展劳动密集型制造业，其劳动力成本远远低于宁波。许多外贸订单流失情况突出，外商的投资也有相应的流失。

随着人民币的不断升值，外贸企业的获利也在不断地减少，外贸企业的竞争力不断被削弱。

（四）全球经济萎缩及贸易壁垒

自 2008 年以来，全球经济发展缓慢，欧美日等主要资本主义国家更是受到重创，经济发展萎靡。欧美各国不断地制造各种贸易壁垒，遏制外国商品保护本国利益，对中国这样的外贸大国发展极为不利。例如，欧洲对中国光伏产业的反倾销调查，美国对三一重工、华为等大型中国企业的贸易战，都极大地阻碍了中国企业外向型经济的发展。

第三节　与发达国家和地区的主要差距

2014 年以来，各国的经济结构调整都步入快车道，中国外贸虽然已坐上第一大贸易国的交椅，但大而不强的局面更为突出，转型升级的紧迫性进一步增加，尤其是三大因素驱动中国外贸加速转型：一是欧美主导推动高标准的国际贸易规则重塑并试图将中国边缘化；二是发达国家制造业 4.0 战略将改变全球产业链分工格局，作为外贸基础的中国制造业仍在低端徘徊；三是中国土地、劳动力、环境等资源要素的压力使得制造业外资减少，劳动密集型产业加速向东南亚国家转移，东南亚国家外贸的强劲增长势头已挤压中国外贸的国际市场份额。

据统计，2017 年 5 月美、日、欧等经济虽然有波动，但基本保持平稳。摩根大通的全球综合 PMI（采购经理指数）指数和新订单指数都达到了 53.8，创出年内新高，也高于上年同期水平，这表明全球的复苏步伐加快。新兴经济体逐步消化美国量化宽松货币政策退出的负面影响，经济也有所好转。汇丰 PMI 新兴市场指数已经连续 10 个月位于荣枯线上方，5 月达到了 51.2。

国内经济结构调整遭遇瓶颈，内需和投资对经济增长的拉动作用并不明显，仍需要三驾马车之一的外贸发挥重要作用，否则，有落入中等收入陷阱和滞胀的风险。需要加快推动外贸转型，形成新的竞争优势和新的增长点，使外贸成为中国经济发展的主引擎。新形势下，中国转变外贸发展方式的重点有所升级，侧重于提高对外贸易的管理能力，实现由政府政策性管理调控为主向营造良好的对外贸易市场环境转变；提高对外贸易的协调发展能力，实现由追求高速增长向适度、均衡发展转变；提高对外贸易的国际影响力，实现由被动型参与向主动和主导型参与转变。

第四章　宁波"互联网+外贸"产业链重构的思路

宁波市外贸产业链实施路径最重要的是在政府相关部门的推动、配合与监管下完善其生态产业链，清除贸易障碍，优化跨境电商的商务环境，建设包括跨境交易、支付、通关、结汇、售后服务等基本商务平台或综合保税物流平台，向上游带动出口生产企业转变生产方式，发展定制化生产。

第一节　整合跨境电商生态产业链

宁波出口跨境电商在本质上就是"互联网＋外贸"，出口跨境电商产业链是一种产业带动性比较高且辐射面较广的产业链，是需要政府、企业、社会团体、媒体等多个部口或者组织共同参与其中的一种系统，因此跨境电商应以产业链为核心，与传统的产业链进行积极有效的整合，解决信息不对称的问题，提高信息之间的匹配度，并努力做到精准定位。平台应整合各个环节过程中的各方资源，将跨境物流服务、支付服务等集中起来，提供一条龙服务，将各个环节整合在一个平台上。

新平台下的外贸产业链连接不同国家的生产者和消费者，必须捋顺跨境电商生态产业链的各个环节，与跨境物流系统、跨境电商生态系统深度融合，提高通关作业流程与跨境电商生态系统的契合度，调整跨境市场运营与跨境电商的生态系统接洽度。通过持续推进电商平台信息化建设，改变过去单一信息提供平台为集海外推广、交易支持、在线物流、在线支付、售后服务、信用体系和纠纷处理等整合服务的综合性交易平台。建立集成海关、出入境检验检疫部门、国家税务部门、外汇管理部门等，共同服务于平台跨境电商企业、跨境支付机构和跨境物流企业，解决跨境电商单兵作战可能引起的生态链各环节问题。支持"直邮进口"和"保税进口"，通过"清单核放、汇总申报"的业务模式，实现快速通关、规范结汇以及退税等问题。

第二节　定制化生产出口

随着本地从事跨境电商等外贸活动的企业数量增加，企业之间的竞争愈演愈烈，跨境电商企业由最初的重复建设运营模式开始向创新产业链模式进行转变，在转型过程中，跨境电商企业应精准定位自己的产业链，并在采购、管理、销售等环节中寻找发展的路径及发展的机遇，同时不断地探索出具有可行性及可操作性的技术手段。在资金、技术、物流等方面，具有优势的跨境电商平台可以引进先进的网络技术，同时还可自主开发与设计出一系列具有自身企业特色的网络产品，并重点强化升级自身经营的业务特色，在保持综合实力的情况下，尽力去提升核心竞争力，从而科学地完善自身产业链。

生产定制化是引擎，跨境电商是拉动引擎的引线。新平台下的外贸强调消费个性化，定制化生产是必然产物，实现个性化消费者与出口企业的良性匹配和相互满意。宁波以中小企业和民营经济为主导，"德国工业4.0"和"中国制造2025"都是定制化时代的基本战略。定制化是消费个性和偏

好的集中体现，跨境电商和定制化生产相结合是"互联网＋外贸"的必然
选择。跨境电商带动出口生产企业转变生产方式，实施定制化生产是重构
宁波外贸产业链、激发跨境电商潜能的有效尝试。

第三节　提升产业链价值

　　"一带一路"的思路引领下，在谋求区域共同发展的同时又有利于推
广宁波品牌，宁波传统龙头企业也有了自己的竞争技术，由于之前的全球
产业价值链分工影响深远，宁波企业国际地位不高，在国际产业分工处于
金字塔底层，拥有技术但仍需廉价劳动力，国外成熟并成功转型的产业则
把重心放在品牌效应，把实际的生产交给其他企业承包，自己则专心做好
品牌设计特色，即使不直接生产，也能拿到了利润中的大部分。宁波外贸
企业可通过学习，争取在更高层次上参与国际经济技术合作与竞争，灵活
运用国际产业转移来助力外贸产业的可持续协调转型发展，其重点就是品
牌和开放这两个方面，要把握住新机遇来提升中国传统外贸产业价值链。

　　企业核心竞争力的本质是企业的综合实力，其次是企业的品牌意识。
树立正确的品牌影响力，将品牌效应扩大化，促进企业更快更好地发展，
最终使企业能够在国际市场中占一定的市场份额，拥有一定的话语权。企
业应不断提升自己各方面的能力，提高服务水平，提高产品品质，选择有
效的营销手段，树立正确的品牌文化，及时有效地掌握市场的发展趋势，
并及时调整自身的发展方向和发展目标，使其与市场发展趋势相符。

　　在企业发展过程中，产品发挥着极其重要的作用，只有严格把好质量
关，企业才能够在经济发展中站稳脚跟。因此企业应根据国际规定的标准，
严格控制产品的生产流程、产品质量等环节，在得到国内产品质量认证的
基础上，进一步得到国际产品质量的认证，这样才能有效提升企业的综合

竞争实力，提升客户的满意度，占领消费者市场。此外，企业应根据不同国家不同地区对产品提出的不同要求，及时调整自身的生产模式，最大限度地使产品符合当地质量标准的要求，企业能够不断提升自己的综合实力，实现企业的可持续发展。

第四节　价值链与产业链协同发展

"互联网+"时代，产品全球采购、全球配送是主流趋势。宁波已有50多个物流产业园区要整合传统外贸的产业链和供应链，最大限度促进跨境电商的发展。

以行业性、专业性的特点深耕移动端和宁波优势产业资源的重组，以供应链资源整合和产业创新为中心，不断落实各项为外贸企业进行增值服务模块的开发与完善。充分发挥核心企业产业链链主的作用，通过多元化投资和兼并重组等形式，建立一批具有较大规模和较强经营管理水平的特色产业核心企业，由核心企业发挥产业链整合作用，利用其影响力带动整个产业链上各节点组织的协同发展。以提升产业链整体竞争力为出发点，以创造顾客价值为导向，在链上建立合理的合作共享机制，建立合理的收益共享与成本共担契约机制，倡导链上成员间信息共享，根据市场需求整合、引导宁波特色产业链的发展。

第五章 宁波外贸产业链重构的对策

依据宁波外贸产业链发展的规律，借鉴国内外先进区域的发展经验，提出破解制约宁波外贸产业链发展体制机制瓶颈的方法对策。

第一节 大力创新，改善产业结构

宁波有着众多的高校和科研院所，要大力发展这些机构的创新能力，不断地创新，制造出有创新精神和创新意义的产品，用这些高水平的商品去吸引外国商家。改变传统的对外贸易发展方式，提高质量、档次，推进质量追溯体系建设，加强新技术的研制，改善宁波出口商品结构，增加高技术产品的出口。制定国际品牌发展战略，培育自有出口品牌，提高商品附加值，推进名牌展会建设，发展自主知识产权。提升宁波出口产品的科技含量和创新性是当务之急，关系到宁波对外贸易的持续发展。例如纺织业，要开发出新的布料，有科技含量的布料，这样就能吸引更多的外商购买。

第二节　大力促进服务贸易发展

服务业生产效率是经济充满活力的重要因素，发达的服务业为货物贸易的快速发展创造了条件并提供了保证。要顺应国际服务贸易快速发展的新趋势，推进服务贸易，大力发展宁波国际旅游、技术转让、金融保险、国际运输、教育培训等领域的国际服务贸易。提高服务，以质取胜，树立产品和服务双重质量的思想，即从重视有形产品质量过渡到既重视有形产品质量，又重视附加在有形产品上的服务、维修、送货等无形产品的质量上，即服务的质量上。

第三节　发挥产业园区集聚优势，做大主导产业

发展壮大实体经济，增强发展后劲，首先要加快园区建设引导产业集聚发展，尽快完成产业园区的道路、排污、电网、供水等配套工程建设，完善配套服务设施功能，着力提升园区承载能力。要发挥产业园区集聚优势，推动跨境电商、国际物流、优势特色等产业向园区集中、投产。发挥行政服务中心功能作用，进一步优化简化行政审批流程。建立健全部门协调联动机制，实行并联审批制度，主动为项目开辟"绿色通道"，创造开工条件。

第四节　创新外贸集群的投融资

目前"互联网＋供应链金融"的共通特性就是"产融结合"。第三方增信服务机构，如担保、保险、信用调查和评价机构，普遍存在风险基金来源少、风险补偿机制不健全、坏账核销机制不完善、信用交易信息不完备、信用状况难以评估等问题，使得贷款保全难度较大。要大力发展商圈担保融资、一站式供应链融资、商铺经营权质押融资等多种外贸投融资形式，健全投融资体制。要加强信息共享，建立奖惩机制。建立企业信用信息查询和信用等级评价制度，打通银行获取商贸企业信息的征信通道，降低搜寻成本，扩大交易对象范围，提高融资效率。

第五节　加快海外仓建设步伐

浙江省海外仓企业 63 家，宁波仅有 1 家，在省内排第 6 位。要积极推进公共海外仓等境外服务机构建设，推动跨境电商平台、企业或物流机构建设公共海外仓；引进一批现有高质量的海外仓为宁波跨境电商提供境外仓储、属地配送和售后维修，联合有关部门开展跨境电商产业集群试点，筛选一批优秀"公共海外仓"，建立公共海外仓信息管理系统，为试点工作提供仓位供需信息对接服务。继续完善相关配套服务，探索创新适合 B2B2C（B 是 Business 的简称，C 是 Customer 的简称，第一个 B 指的是商品或服务的供应商，第二个 B 指的是从事电子商务的企业，C 则是表示消费者）跨境电商监管模式，开展跨境电商物流试点，培育一批跨境电商综合服务企业，为海外仓发展营造良好的环境。

第六节　借助自贸区平台，大力拓展出口转内销渠道

随着外贸压力的变大，一些外贸企业可以转为外销的同时进行内售，不断开拓国内市场。舟山自贸区成立后，宁波外贸要主动对接，融入舟山蓝色经济自贸区的圈子。结合梅山新区建设规划部署，接轨自贸区各项政策，积极拓展出口转内销的渠道，实现跨区域合作和全球经济一体化。

第七节　完善法制建设，树立公平诚信

建立和完善相关法律、法规，完善公平竞争的市场环境，建立起稳定、透明、可预测的财税、借贷、外汇、保险等政策体系，明确政府对企业参与国际市场竞争的融资支持，税收减免优惠、投资风险保障等鼓励政策，帮助各类出口企业有效规避政治风险、经营风险，调整出口退税，对高能耗低附加值商品要减少出口补贴，缓解人民币升值的压力，促使宁波的产业结构调整与升级。

第六章 新平台下宁波外贸产业链重构的建议

第一节 创造良好的发展环境

外贸企业转型升级需要政府营造良好的环境。一是建立市领导联系重点外贸企业机制，帮助广大外贸企业家树立发展信心和决心，强化对企业的服务，向企业开展政策导向宣传，为企业扶危解困，确保全市经济平稳增长。二是给予相应的政策扶持。对外贸企业给予融资、税收、财政等方面的扶持和补贴。稳定和提高外贸扶持资金规模，加大对外贸企业机器换人、质量提升、参展拓市场、出口信保、品牌建设等方面的补贴。三是加大力度建设公共服务平台。包括做好人才培训服务，帮助企业解决引进人才、留住人才等问题；扶持建设融资平台和产品，帮助有发展潜力的中小企业解决融资问题；积极扶持和建设相关产业的研发、检测公共服务平台，让这些平台真正发挥作用；研究建设集装箱堆场、保税仓等公共物流服务平台，帮助外贸企业降低物流成本。四是相关涉外部门要形成工作合力。包括：商务局要加强与杭州海关的合作，加大口岸通关便利化；商检办事处要加大对企业服务力度，帮助企业控制和提高产品质量，实施贸易便利化服务；外管局和相关商业银行要积极实施优化外汇收支措施，积极推进企业人民币跨境贸易结算，维护区域金融环境；国税局要降低企业出口退税的审核成本，加大出口退税服务；各乡镇街道要提高重视外贸发展，着力解决事关企业、行业共性的难题，防范和处置企业经营风险等，全力为外贸企业服务，为出口企业开辟绿色通道，帮助企业克服困难，激发外贸企业扩大出口的积极性。

第二节　进一步优化全市外贸结构

一是提高传统产业集群整体竞争力。依托化工、家纺、低压电器和五金工具等传统产业，加大招商力度，进一步引进国内外相关产业有实力的大企业，或积极培育本地传统产业中具有一定实力的龙头企业，鼓励小企业与这些大中企业建立供应、生产、销售、技术开发和技术改造等方面的协作关系，扶持以技术、品牌、高新、机电产品出口为主导的企业，加快集群发展，打造自主出口品牌，提高整个产业的出口竞争力。二是实施百家外贸出口企业梯队培育计划。针对年出口额1000万美元、500万美元、100万美元等不同等级的外贸企业，组织力量帮助企业共同制订外贸稳增长方案，稳步推进实施。首先，支持行业龙头企业技术创新、产品创新、管理创新、品牌创新、人才机制创新、发展模式创新，加快培育发展一批核心竞争力强的行业出口领军企业；其次，加快培育第二纵队，支持一批规模效益好、技术含量高、示范带动作用明显和成长潜力大的出口企业发展为拥有自主知识产权和自主品牌的创新型龙头企业；最后扶持出口额100万美元及以下的小微型出口企业发展上规模，通过帮扶促进实现规范化经营管理和提高市场拓展能力，并进一步增加企业出口额。三是努力扩大高新产品出口，培育新的增长点。努力扩大新兴产业的外贸占比，不断提高高新技术产品、机电产品和自主品牌及知识产权产品的出口比重，通过产业结构和产品结构的双重优化，不断形成新的出口增长点。

第三节　实施多种方式走出去拓市场

一是通过组织促销、参展等活动拓市场。制订参展计划，积极组织企业参展和开展参展培训，提高参展拓市场成效，努力巩固原有传统欧美市场份额，大力拓展新的市场空间，不断开发潜在市场需求。二是支持有条件的企业主动走出去。鼓励企业在境外设立原材料基地、制造基地和营销网络。推动生产出口企业与国外经销代理商合作联手拓市场，增加自主品牌产品的销售；利用周边和第三世界国家的劳动力、原材料等优势设立加工厂和生产基地，提高产品竞争力，同时合理规避贸易壁垒，加大国际市场的拓展力度。三是以大企业为主导带动其他企业和产品走出去拓市场。利用已经走出去的大企业的各方面资源优势，设立境外产品展示中心带动全市产品出口。四是为企业走出去提供安全保障。进一步发挥出口信用保险的"拓市场、防风险"作用，提高信保覆盖率和买方资信调查使用率，加强进出口预警监测和指导企业应对"两反两保"，确保外贸发展的安全和稳定。

第四节　积极鼓励外贸企业自主创新实施产业升级

一是实施管理升级。任何一个行业，做得好都是有钱赚的，关键是要改变管理意识，实现管理方式转型。通过总结推广一批成功管理经验和先进管理成果，以企业间交流学习、帮带等方式，实施"企业经营管理人员素质提升计划"，引导外贸企业实施精细化管理。二是实施生产方式升级。

实施"机器换人"降低人工成本，成为制造业解决用工问题必须迈出的一步。不仅政府要重视和支持企业实施"机器换人"，外贸企业负责人更要高度重视，加大设备和技术等生产性投入，在实施过程中反复尝试，遇到挫折也要坚定方向。三是实施产品创新升级。只有自主创新走产品差异化之路，提升产品的附加值，才能在竞争中实现自己的利润。外贸企业必须高度重视研发投入、实施人才工程和加大知识产权保护，这样才能实现新的发展。四是实施销售模式升级。在传统一般贸易模式的基础上，鼓励企业开展跨境贸易电子商务来拓展海外市场，即采取线上销售和线下销售相结合，尽快出台跨境贸易电子商务配套政策，建设跨境电子商务培训平台，引导和鼓励企业和个人开展跨境贸易电子商务，培育自有品牌和建立海外直销渠道。

第二篇

物流

引　言

　　"十三五"时期是宁波港集装箱物流深化改革开放、加快转变组织与运营方式的攻坚期,也是推动港口服务业又好又快发展的重要时期。加快宁波港口集装箱物流组织与运营体系发展,既是转变宁波临港经济增长方式、推进科学发展的迫切需要,也是优化临港产业结构、构建现代港口物流产业体系的重要举措,更是加快宁波港"一都一城"国际化进程和提升宁波综合经济实力的重要支撑,有利于临港产业经济结构优化调整,实现物流要素优化配置,提升港口经济增长的质量和数量。

　　回顾 2015 年,宁波舟山港以完成货物吞吐量 8.89 亿吨的骄人业绩位列全球港口货物吞吐量世界第一,集装箱吞吐量 2000 万标准箱,世界排名第五,宁波港已发展成为年货物吞吐量超 5 亿吨的国际大港。2015 年 9 月,宁波舟山港集团有限公司正式成立,宁波舟山港实现以资产为纽带的实质性一体化。在国际经济增长疲软的大背景下,全球港口集装箱生产面临较大压力,宁波舟山港港口集装箱吞吐量增长形势不容乐观。2016 年,在中国经济结构转型升级和去产能等供给侧改革的大背景下,宁波港口集装箱吞吐量增长出现相应的结构性变化,亟待理顺集装箱物流组织与运营体系。

第一章　研究概述

第一节　研究背景和意义

宁波舟山港是我国海洋经济发展的龙眼，也是我省积极响应"一带一路"倡议，参与长江经济带建设、（海上）丝绸之路经济带建设等国家战略的核心载体。从国际上看，港口经济发展面临产业变革、国际贸易规则升级更新加快等问题，全球需求不足的问题依然突出，大宗商品价格持续下跌，国际海运持续低迷，港口集装箱市场不确定性加大。从国内看，经济发展方式加快转变，供给侧结构性改革加快推进，新的增长方式正在孕育形成，经济长期向好基本面没有变，随着"一带一路"倡议和"长江经济带"等国家战略的实施，与相关国家地区间贸易有望保持稳步增长，全国沿海港口吞吐能力总量偏大、结构性过剩，港口竞争日趋激烈，"调结构、去产能"对港口集装箱组织与运营体系将产生明显影响。从省内看，我省经济社会持续平稳发展，浙江海洋经济发展示范区和舟山群岛新区、舟山江海联运服务中心建设深入实施，多式联运集疏运体系不断完善，新一代集装箱和散货码头加快建设，全省沿海港口一体化实质性推进，我省经济增速受结构优化倒逼影响加强，宁波舟山港"一弓双箭"提质增效面临新机遇和新挑战。

宁波港集装箱组织与运营体系近年来虽然取得了一定的成绩，同时也存在许多不容忽视的问题，如服务意识受短期经济利益影响，没能从服务市场、服务大众的理念角度开展各项多式联运服务活动；码头基础设施、内河航道等级总体水平较低，综合物理联结能力较差；多种集装箱组织运输方面存在着价格战、行业垄断等不规范、不合理竞争，高速公路竞争压力较大，宁波港口集装箱物流市场处于"亚健康"状态；"互联网＋"背景下，集装箱物流管理信息技术手段和管理水平无法与市场发展匹配，产出—投入比较小，集装箱供应链价值增值仍存较大上升空间。

从政府管制和政策引导层面来看，本书将政府管理部门视为集装箱多式联运活动参与方。实际工作中，政府引导和管理是激发集装箱供应链节点企业活力的重要推手，促进港口集装箱组织与运营体系朝向健康有序的方向发展。

第二节　港口集装箱物流

港口集装箱物流，是利用其自身的港口及口岸优势，以先进的软硬件环境为依托，以集装箱大型容器为载体，将货物集合组装成集装单元，运用港口大型装卸机械和大型载运车辆进行装卸、搬运作业并完成运输任务，从而更好地实现货物"门到门"运输的一种新型、高效率和高效益的物流模式。港口集装箱物流是特殊形态下的专业物流体系，是港口物流体系中的一个重要组成部分，其物流组织过程包括以下流程：

一、发送作业

是指在发站装运之前各项货运作业，包括集装箱承运前的组织工作和承运后至装运前的作业。具体包括货主要明确使用集装箱运输的条件及有关规定，如必须在指定的集装箱办理站，按站内规定承运日期办理：办理站受理、审核、装箱等。

二、中转作业

集装箱运输除了由发站至到站的形式外，还有一部分集装箱还要经过中转才能至到站。中转站的任务是负责将到达中转站的集装箱迅速按去向、到站重新配装继续发往到站。

三、交付作业

是指装运集装箱的货车到货场后需要办理的卸车和向货主办理交付手续等工作，具体包括卸车作业，交付作业，铁路货运员根据车站的卸车计划及时安排货位，核对运单、货票、装载清单与集装箱箱号、印封号是否一致，逐箱检查，卸车，由货运室通知发货人。

四、联运形式

集装箱运输是现代化发展的必然产物，集装箱运输的发展又必须进行集装箱的联运，单独靠一种运输方式开展集装箱运输已经不能充分发挥集装箱运输的优越性，达不到预期的效果。因此，铁路、水运、公路多种运输方式组合的集装箱多式联运已成为现代化运输的必然趋势。当今集装箱运输被称为海陆空的主体运输，已由国内联运发展到国际联运，由一国发展到几个国家甚至洲际范围的不同运输方式组合。集装箱多式联运就是通过各种运输方式的主管部门相互配合共同努力而完成运输的全过程。

第三节 研究目的与内容

一、研究目的

宁波港口国际化发展趋势明显，港口集装箱运输企业林立，竞争较为激烈。2014年集装箱运输宁波事件充分暴露了港口集装箱组织与运营管理中存在的一些问题，特别是集装箱运输产业链失衡亟待深入研究并加以解决。

根据宁波市委市政府进一步贯彻落实习近平同志重要指示精神，立足宁波打造港口经济圈、"一都一城"实际需要，本书通过对宁波港口集装箱行业发展现状进行梳理，分析集装箱物流运作体系目前存在的问题，结合"十三五"港口经济圈战略对集装箱物流企业组织与运营管理转型升级，分析港口集装箱物流发展趋势，从运输的组织服务角度提出具体管理和服务策略，研究的对策性成果对于宁波市政府和集装箱行业主管部门的政策制定具有重要的参考价值。

二、研究内容

立足于上海国际航运中心的重要组成部分，"一都一城"城市定位，继续发挥港口、区位、岸线、土地、劳动力等比较优势，以产业链均衡健康发展为宗旨，以港口集装箱物流一体化为目的，政府指导定价为手段，政府和企业间的制度安排为保证，充分发挥宁波港集装箱运输企业自主优势，为生产企业、物流企业和进出口企业提供高效的管理和优质的服务。

首先对行业现状进行分析，包括集装箱装卸运输、仓储服务、货运代理等产业现状分析，提出宁波港集装箱物流组织与运营的现状，归纳宁波港口集装箱物流服务体系存在的若干问题。

借鉴国外港口集装箱物流组织与运营的发展优势与条件，总结国内外发达国家港口集装箱物流建设的成功经验，通过战略调整和合理部署，进一步提高宁波港口集装箱物流企业的服务水平。落实宁波港口集装箱与物流一体化实施的战略措施，提出缩短港口产业链条，发挥产业集聚效果，突出专业特色和集装箱价值增值服务内容，做好港口物流园区差异化服务，对接国际枢纽港的国家宏观战略需要等保障措施。

第四节　研究技术路线

本书的研究首先全面回顾宁波港口集装箱物流业发展，包括集装箱装卸运输、仓储服务、货运代理等产业现状；通过梳理国内外先进港口集装箱物流成功经验，分析宁波市集装箱物流一体化运作中存在的问题（集装箱运输产业链失衡、定价机制、信息共享、利益共享等）；明确宁波集装箱物流发展思路、原则，以及集装箱物流发展目标。采用定性和定量结合的方式对宁波港集装箱多式联运吞吐量做出预测，通过集装箱运价对比定性分析宁波集装箱物流综合竞争力，给出实施宁波港口集装箱物流一体化建设思路，从运输的组织服务角度，提出具体管理和服务策略。

第五节　研究方法

本书从宁波港发展现状分析入手，就集装箱多式联运流程管理各环节进行详细分析，应用逆推分析法和田野调查法，寻找集装箱物流组织和运营体系构建预期，将规范的理论分析与经典港口案例分析相结合，借助实践实例分析对理论框架进行检验和应用。通过选择切实可行的港口集装箱物流组织与价值链增值策略，实现宁波"十三五"港口集装箱物流组织与运营体系合理化。

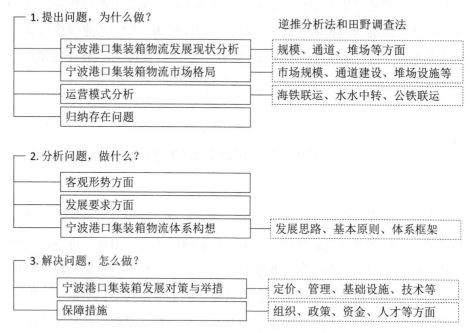

图2-1-1　课题研究方法

第二章 港口集装箱物流发展现状

第一节 总体概况

一、发展规模

"十二五"期间，宁波港域集装箱吞吐量平均增速快于沿海港口的总体增长速度。宁波港域集装箱吞吐量在长江三角洲区域所占比重由2010年的23.9%上升至2016年的28.2%，宁波作为长三角经济圈重要城市、上海国际航运中心南翼城市的作用进一步突显。宁波港口集装箱吞吐量保持稳定增加态势，从2011年的1451.2万TEU（Transmission Equivalent Unit，国际标准箱单位）增至2016年的2156万TEU，经历一次"U"型增速变化，平均增速达到9.71%。

表2-2-1 2011年至2016年宁波港域集装箱吞吐量统计

年份	吞吐量/万TEU	增速	评价
2011年	1451	11.6%	快速增长（大陆港口第三，世界港口第六）
2012年	1567	7.99%	平稳增长（大陆港口第三，世界港口第六）
2013年	1677	7.03%	平稳增长（大陆港口第三，世界港口第六）
2014年	1870	11.49%	快速增长（大陆港口第三，世界港口第五）
2015年	2063	10.3%	宁波舟山港集装箱吞吐量（世界港口第四）
2016年	2156	4.5%	宁波舟山港集装箱吞吐量（世界港口第三）

表2-2-2　2016年宁波港域集装箱吞吐量分布

港区	镇海港区	北仑港区	大榭港区	穿山港区	梅山港区	合计
吞吐量/TEU	1569042	5603892	2852309	9162134	2376972	21564349

表2-2-3　2015年宁波港域集装箱吞吐量结构

分类	合计		出港		进港	
		外贸		外贸		外贸
集装箱/TEU	19824349	17578013	9936068	8948443	9888281	8629570
重量/吨	200388851	169225598	119371766	106840587	81017085	62385011
其中：货重/吨	159454041	133059986	98863704	88440492	60590337	44619494

二、物流通道

（一）水路航线

"十二五"期间，宁波港域已与世界180多个国家和地区的600多个港口开通了239条航线，每月装卸作业集装箱班次约为1345班。集装箱航线配置特征表现为：一是航线总数保持基本稳定；二是远洋航线总体稳定，占据航线配置主体地位，接近50%；三是近洋线明显增加；四是内支、内贸线稳定。

表2-2-4　2011年至2015年宁波集装箱航线配置情况　　　　单位：条

年份	航线总数	远洋线	近洋线	内支线	内贸线
2011年	236	126	58	20	32
2012年	235	120	63	20	32
2013年	235	117	66	20	32
2014年	239	120	67	20	32
2015年	239	120	67	20	32

（二）公路通道

随着绕城高速东段、穿山至好思房公路、象山港大桥及接线等一系列重大交通设施的建成使用，宁波已经形成连接省内外的"一环六射"高速公路总体布局结构，实现了宁波与上海、杭州、温州、金华、台州、舟山之间的快速交通联系，"县县通高速"目标全面实现，"一小时交通圈"全面形成。向北，杭州湾跨海大桥连接上海、苏南等地区；向西，杭甬高速公路连接长江沿岸地区；向南，甬台温高速公路和象山港大桥打通了温州、福州及以南沿海地区；向东，金塘大桥及宁波连线，连接舟山本岛。

（三）内河航道

宁波市现有不同等级内河航道 73 条，航道总里程 934.35 公里，其中七级以上航道 263.89 公里，七级以下航道 680.97 公里。

表2-2-5 宁波市内河航道分布

指标		航道里程 / km	所占比重
航道等级	一级	14.36	1.55%
	二级	12.04	1.30%
	三级	0	0
	四级	68.9	7.43%
	五级	27.51	2.97%
	六级	53.35	5.75%
	七级	87.73	8.92%

目前，杭甬运河宁波段仍处于"通而不畅"的状态。存在的主要问题有：一是通航条件需要改善。姚江船闸及上下游连接段航道目前是按五级航道实施，其中船闸下游河段是姚江连通甬江的重要航段，属感潮河段，大闸泄流对船舶通航影响较大，排水时需停航。此外，三江口弯道半径小、水流紊乱，航段易淤积也制约了航道的通航能力。二是部分跨河桥梁净高不足。一些桥梁净高不足 7 米，如青林渡 61 省道公路桥、青林渡萧甬铁路桥、华

晨大桥净高和萧甬铁路曹娥江大桥（老桥），达不到国家相应航道通航标准，对集装箱船舶通行产生影响。三是 500 吨级船舶配套设施有待完善。根据预测，2020 年姚江与甬江沟通船闸的过闸货运量将达到 1900 万吨，而已建的 300 吨级姚江船闸的通过能力仅为 670 万吨，必将成为全省杭甬运河的瓶颈。四是船闸通过能力受限。在杭甬运河尚未全线贯通的情况下，宁波市姚江段就已经达到了原预测 2015 年左右的设计运量，而姚江段船闸的通过能力并不能满足未来杭甬运河的货运量，将会对宁波段乃至整条运河的通航能力产生影响，无法最大限度地发挥运河的货运功能。

三、堆场设施

截至 2018 年底，宁波港区内共拥有生产用堆场 806.17 万平方米，同比增长 11.69%；集装箱堆存能力 67.76 万 TEU，同比增长 24.77%。其中，煤炭堆场 167.1 万平方米，同比增长 3.48%；矿石堆场 30.39 万平方米，与上年持平；集装箱堆场 488.61 万平方米，同比增长 17.97%。

表2-2-6　2018年宁波市港区内堆场情况统计表

类别	单位	2018年
生产用堆场：面积	平方米	8061667
容量	吨	15279002
集装箱堆存能力	TEU	677617
内：煤炭堆场：面积	平方米	1670977
容量	吨	8006819
矿石堆场：面积	平方米	303857
容量	吨	3289200
集装箱堆场：面积	平方米	4886058
集装箱堆存能力	TEU	677617

宁波港域四大港区内均设有堆场，以堆存重箱为主，总占地面积为

399.37 万平方米（约 5996.25 亩）。由于港区内堆场堆存的空箱为国内外港口间中转空箱，这类空箱主要以小箱为主，并且周转时间短、周转速度快，所占比例小。

表2-2-7　主要港区码头后方堆场占地面积情况

码头名称	堆场面积/平方米	所占比例	设计堆存能力/万TEU
北仑港区	1120000	28.05%	10.8
穿山港区	1785000	44.7%	17.2
梅山港区	342700	8.58%	4
大榭港区	750000	18.78%	6.6
总计	3993700	100%	38.6

目前，全市具备集装箱堆场经营资质的企业共有 35 家，实际在经营集装箱堆存业务的有 32 家，其中只经营仓储业务的有 3 家；将场地租赁给其他企业经营或未经营堆场业务的企业有 5 家。32 家实际经营的堆场企业经营场所共有 41 处，主要分布在以下区域：一是分布在进港路、珠江路等路段的有 13 处；二是分布在保税区的有 10 处；三是分布在霞浦现代国际物流园区的有 5 处；还有 13 处堆场零星分布于柴桥后所、临港一路、大港工业区、渤海路等区块（见表 2-2-8）。

表2-2-8　集装箱堆场分布明细

路段（区域）	数量	堆场明细
进港路	9	英丰、福洋、大港、国柜、安联、龙星、长胜1、中创1、天翔2
珠江路	4	兴合、中集1、天翔1、中创3、
保税东区（迎宾路）	7	高新、安信1、太平1、迅诚、东华、铃与2、通达
保税西区	3	安信2、太平2、大港（新世纪）
霞浦物流园区	5	铃与1、天翔4、地中海、新霸达、东南
临港一路	2	永大、天翔3

（续上表）

路段（区域）	数量	堆场明细
柴桥后所	4	中创2、长胜2、珉钧、中集
渤海路	2	亿流、海丰
大港工业区	2	中亚、迅达
其他	3	安达（算山）、东华2（白峰）、常丰（二通道）

四、集卡服务设施

集卡公共停车场有 8 处，主要分布新碶、霞浦区域，停车总面积约29.3 万平方米（约 440 亩），停放集卡车辆 3000 辆。自从去年新碶街道开展"三改一拆"，将进港路、迎宾路部分非法停车场关停以来，约有近千辆集卡车停至集运基地等正规停车场。

北仑集运基地占地总面积 37.3 万平方米（约 560 亩），其中停车占地面积 26.7 万平方米（约 400 亩），可停放集卡车 3000 辆，目前实际停放车辆近 2800 辆。此外，基地还提供车辆加油、加气、维修、检测、交易、司机生活后勤配套服务等功能。

北仑集卡运输服务基地位于北仑区柴桥与霞浦交界处，紧邻现代国际物流园区，坐落于新 329 国道和集装箱第二货运通道之间，占地 37.3 万平方米（约 560 亩），总投资 5.3 亿元。服务半径覆盖北仑、大榭、梅山三大港区，基地以大型停车场为主体，以信息咨询、车辆与货物配载为核心，是集车辆检测、维修、交易、加油（气）、司机生活后勤配套等为一体的一站式集卡运输服务基地及甩挂、双重运输货运场站。项目采用分期建设的形式，其中项目一期于 2011 年 8 月全面开工建设，于 2012 年 12 月正式运营。

（一）建设情况

基地作为现代国际物流园区的重要配套项目，拥有容纳 3500 余个集卡车车位的停车区、79 间店面的维修区、808 间宿舍及 24 间商铺店面的后勤区、

68 间 4S 店及相关配套产业的集卡车销售区、加气区、123 间办公区六大功能区块（见图 2-2-1）。2015 年，基地新增注册企业 25 家，累计注册企业 120 家，集卡停车数量 2700 辆。其中，基地 LNG（Liquefied Natural Gas，液化天然气）加气站自 2013 年 6 月正式运营以来，日均加气量突破 37.52 吨。截至 2015 年底，已有包括公交车、LNG 集卡、LNG 动力槽罐车等 3 种车型共计 633 辆的社会车辆在基地加气站加气，其中，公交车 140 辆，平均每日加注 276 辆次。

图2-2-1　北仑集卡运输服务基地功能布局图

（二）信息化建设情况

基地与宁波港集团合资成立宁波港运通信息技术有限公司，负责宁波口岸箱单中心项目运营管理。通过互联网信息技术，打造装箱单和提箱凭据的信息服务平台，简化提箱单证流转程序，2015 年全年打印装箱单 5.9 万单，对接大型货代企业 75 家，对接大型船公司 20 家，服务集卡运输企业 250 余家。

基地与宁波港集团业务部及宁波港国际物流公司合作，开通进港证办理业务，服务全港 15000 余辆集卡，结束长期以来需绕行至穿山四期码头办理进港证的传统状态，减少无效运输；与市交协合作开展堆场集中开票业务；与宁波市北仑区农村信用合作联社合作，引进 ETC（Electronic Toll Collection，电子不停车收费系统）办理业务，方便企业就近办理。

2015 年，基地加快升级信息化平台，探索"互联网 + 基地"发展模式。升级基础一卡通业务处理平台，建立与国家交通运输物流公共信息平台、宁波港口 EDI（Electronic Data Interchange，电子数据交换）中心的数据对接，为政府了解出口形势和外贸经济运行提供动态指标和监测窗口。开展物流企业和人员信息、车辆进出场记录及在场闲置信息等数据收集，整理工作，累积 1000 多家物流运输企业，包括车队规模、车型、保险公司、运输路线、经营状况等关键信息、6000 多条司机信息及 100 多万条车辆进出场数据。2016 年，"宁波舟山港 – 浙赣湘（渝川）"集装箱海铁公多式联运示范工程入围国家首批多式联运示范工程项目。

第二节　市场现状

一、市场规模

2015 年，宁波港域完成集装箱吞吐量 1982.4 万 TEU，完成年度计划的 100.1%，同比增长 6%，增幅列全国主要港口第一，排名稳居全球第四位、大陆第三位。其中，集装箱国际航线吞吐量 1673.9 万 TEU，同比增长 7.1%；内支线完成 83.9 万 TEU，同比下降 2.8%；内贸箱完成 224.6 万 TEU，同比增长 1.5%。如表 2-2-9 所示。

表2-2-9　2015年宁波港域集装箱吞吐量情况表

类别	条数	吞吐量及分布						
		吞吐量/万TEU	重箱量/万TEU	重箱比例/%		空箱量/万TEU	空箱比例/%	
				2014年	2015年		2014年	2015年
国际航线	184	1673.9	1007.7	61.18	60.20	666.2	38.82	39.80
内支线	20	83.9	74.14	85.44	88.39	9.7	14.56	11.61
内贸线	32	224.6	117.14	54.98	52.15	107.5	45.02	47.85
合计	236	1982.4	1199.0	61.56	60.48	783.5	38.44	39.52

（一）集装箱集疏运量

2015年，宁波港域集装箱集疏运方式仍以水路、公路为主，其中，集装箱集运方式中公路占比41.6%、水路占比58%、铁路占比0.47%，集装箱疏运方式中公路占比40.5%、水路占比59%、铁路占比0.47%（见表2-2-10）。宁波港域共完成集装箱集运量和疏运量1706.27万TEU和1683.97万TEU，同比分别增长5.71%和5.54%。其中，铁路集运量和疏运量同比分别增长29.69%、26.66%，公路集运量和疏运量同比分别增长3.64%、6.19%，水路集运量和疏运量同比分别增长7.09%、4.96%。如表2-2-11和表2-2-12所示。

表2-2-10　2015年宁波港域集装箱集疏运量情况表

指标	合计	公路	水运			铁路
			合计	内贸	外贸	
集运量/万TEU	1706.27	709.49	988.83	125.87	862.96	7.95
占比	100%	41.6%	58.0%	7.4%	50.6%	0.47%
疏运量/万TEU	1683.97	682.41	993.61	98.76	894.84	7.95
占比	100%	40.5%	59.0%	5.9%	53.1%	0.47%

数据来源：宁波市交通运输委员会（港口管理局）。

表2-2-11　集装箱标准表

指标	序号	箱运量	
			远洋
甲	乙	1	2
公路标准集装箱合计/TEU	1	6770183	
45英尺/个	2	6210	
40英尺/个	3	2298360	
35英尺/个	4	0	
20英尺/个	5	2159490	
10英尺/个	6		
水路标准集装箱合计/TEU	7	1952540	172195
45英尺/个	8	314534	29435
40英尺/个	9	166555	13245
35英尺/个	10	0	0
20英尺/个	11	911728	79476
10英尺/个	12	0	0

表2-2-12　铁路集装箱运输量

	集装箱到发量			集装箱发送量			集装箱到达量		
	实绩/吨	上年实绩/吨	为上年比例	实绩/吨	上年实绩/吨	为上年比例	实绩/吨	上年实绩/吨	为上年比例
合计	2540855	2259210	112.5%	961193	752986	127.7%	1579662	1506224	104.9%
庄桥	284014	188206	150.9%	223827	64674	346.1%	60187	123532	48.7%
宁波北	307858	296783	103.7%	111584	100363	111.2%	196274	196420	99.9%
宁波东	0	0	0	0	0	0	0	0	0
宝幢	0	0	0	0	0	0	0	0	0
北仑	0	0	0	0	0	0	0	0	0
北仑港	1530592	1306188	117.2%	612577	581505	105.3%	918015	724683	126.7%
余姚西	164063	153864	106.6%	13205	6444	204.9%	150858	147420	102.3%
蜀山	254328	314169	81.0%	0	0	0	254328	314169	81.0%

二、企业与车辆

（一）集装箱运输企业

截至 2015 年底，全市集装箱运输户 628 户，户均车辆为 23.4 辆。全市共有营运集装箱车 1.49 万辆，集装箱车数量保持快速增长见表 2-2-13。

表2-2-13　100辆以上道路运输行业营业户数

指标名称	计量单位	合计	海曙	江东	江北	北仑	镇海	慈溪	余姚	鄞州	奉化	宁海	象山	大榭
集装箱运输企业数量	个	702	5	72	24	465	35	4	14	10	0	5	3	65

（二）集装箱运输车辆

截至 2015 年底，办理进港证的集卡车约 1.7 万辆以上。在宁波港区经营的宁波市外集装箱车辆约为 3800 辆，其中舟山牌照车辆约为 3000 辆，省内其他地方牌照车辆约为 500 辆，省外牌照车辆约为 300 辆，见表 2-2-14。

表2-2-14　宁波港口集装箱车辆情况表

指标	计量单位	代码	总计	海曙	江东	江北	北仑	镇海	慈溪	余姚	鄞州	奉化	宁海	象山	大榭
集装箱式挂车	辆	45	15845	17	2261	373	11038	326	53	16	108	0	11	16	1626
	吨位	46	483864	513	67127	11792	334467	10622	1641	484	3267	0	338	521	53092
	TEU	47	31224	34	4114	720	22076	647	106	32	216	0	11	16	3252

截至 2015 年底，全市共有集装箱运输车辆 15850 辆、484008 吨，车辆总数较上年增加了 1140 辆，同比增长 7.74%，如图 2-2-2 所示。

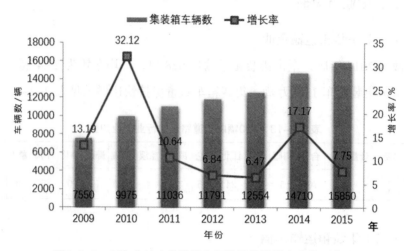

图2-2-2　历年宁波市集装箱车辆数及其增长率变化示意图

从区域分布（见图 2-2-3）来看，北仑区集装箱运输车辆占比达 69.64%，其次为江东区和大榭开发区，占比分别为 14.26% 和 10.26%，如图 2-2-3 所示。

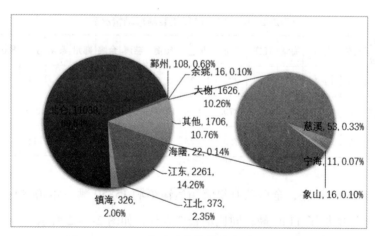

图2-2-3　2015年宁波市集装箱车辆区域分布图

三、集装箱运价指数

2015 年，集装箱道路运输市场延续疲弱格局，运价指数屡创新低。全年走势可分为两个阶段：第一阶段是窄幅震荡阶段，1 到 5 月，集装箱运价指数在 930 点至 1000 点区间震荡，其中经历两次上涨行情，第一次是由于春节过后外贸行业逐渐复苏，2 月、3 月集装箱运价指数持续反弹。第二次上涨是 5 月，因外贸进出口继续走强，导致运价指数再次反弹。第二阶段是单边下行阶段，受黄标车淘汰、平台类企业购置新车等因素影响，集装箱运输车辆持续增加，而外贸进出口在下半年开始持续走弱，集装箱运价指数呈现单边下行态势。全年平均值为 959.61 点，较上年下降 19.51 点。分箱型来看，40 英尺集装箱运价指数变化趋势与总体走势基本一致，全年平均值为 968.43 点，较去年下滑 22.34 点；20 英尺集装箱运价指数走势在 1 至 5 月与总体走势一致，6 月之后则震荡下行，在 10 月和 12 月分别出现微弱反弹情况，全年平均值为 946.13 点，较去年下降 20.02 点。如图 2-2-4 所示。

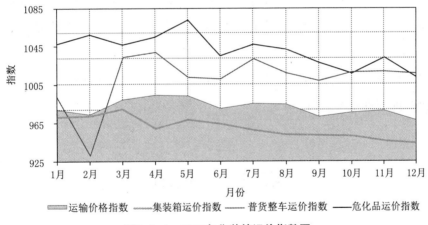

图2-2-4　2015年集装箱运价指数图

四、集装箱运输管理

2004 年，《中华人民共和国道路运输条例》发布，道路集装箱运输作为普通货运范畴，由道路运输管理部门进行管理，对道路集装箱运输没有做区别普通货运的不同规定。2006 年，浙江省发布了新修订的《浙江省道路运输管理条例》。道路集装箱运输是浙江省道路运输的重要组成，为加强集装箱道路运输的规范管理，促进集装箱道路运输业健康发展，浙江省于 2003 年特别制定出台了《浙江省集装箱道路运输管理办法》，提出了新设立的道路集装箱企业注册资金不得少于 800 万元人民币，要有固定的营运场所，停车场地应与企业拥有车辆数相适应，停车场地不得少于 2000 平方米，集装箱道路运输企业开业后一年内，集装箱专用车辆规模必须达到 15 辆、总吨位 260 吨。

近些年来，宁波市运管部门结合上位法要求，对新增集装箱运输企业，要求企业注册资金不得少于 800 万元人民币，停车场地不得少于 2000 平方米，根据企业承诺开业一段时间（一般 6 个月）内，集装箱专用车辆规模必须达到 10 辆以上。对市外驻地经营车辆，在 2009 年 1 月 1 日养路费取消前，要求办理驻点经营登记手续；养路费取消后，集装箱运输车辆进宁波港区，由宁波港集团下属索拉斯公约履约办公室发放车辆进港证。集装箱运输从业人员方面，只对本市籍人员进行从业资格证管理，对外省市籍驾驶员除非转籍至我市，否则不需要在我市办理从业资格证手续，集装箱驾驶员的管理基本空白。

第三节　运营模式

一、海公联运

宁波至全国（不包括西藏）所有地级以上城市均已开通公路快运线路，其中至长江经济带 11 省市公路干线运输线路达 100 条，2015 年公路集装箱运输量为 677 万 TEU，同比增长 5%，如图 2-2-5 所示。

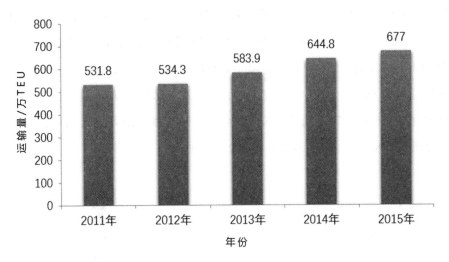

图2-2-5 历年宁波市公路集装箱运输量变化示意图

二、海铁联运

集装箱海铁联运量保持持续快速增长，增长速度居全国首位。已开通义乌、襄阳、西安、兰州、乌鲁木齐等省内外海铁联运城市18个，正常运行班列线路13条，其中"五定"班列线路5条，直达列车线路8条。襄阳、合肥、乌鲁木齐等中远距离城市均已开通海铁联运班列，其中上饶—宁波"五定"班列延伸至鹰潭，被铁道部列为全国"百千快捷班列"。

2015年，宁波港海铁运集装箱运量完成17万TEU。宁波海铁联运自开通以来发展势头迅猛，年增长量从2009年的1690TEU，提高到2015年的17.05万TEU，增量超过100倍，年均增幅位列全国六大示范通道之首。截至2015年底，宁波海铁联运业务已辐射至浙江省内、江西、湖北、安徽、陕西、四川、重庆、新疆等共计20余个城市，其中开行海铁联运班列线路7条。

　　2015 年，宁波市海铁联运箱量完成 170508TEU，同比增长 26.2%。江西方向海铁联运箱量完成 3.6 万 TEU，同比增长 16.3%，其中上饶班列完成 2.7 万 TEU，同比增长 31%。新疆、襄阳班列同比增速较快，新疆完成 1.9 万 TEU，同比增长 160.1%；襄阳完成 0.2 万 TEU，同比增长 33.9%。省内完成量增长迅速，2015 年完成 8.1 万 TEU，同比增长 70.1%。其中，义乌班列完成 1.6 万 TEU，同比增长 578.4%；绍兴 / 钱清班列完成 2.5 万 TEU，同比增长 690.9%。如图 2-2-6 和图 2-2-7 所示。

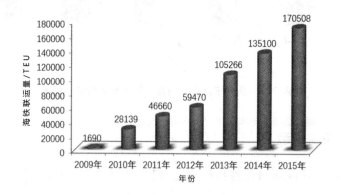

图2-2-6　历年宁波市海铁联运业务量示意图

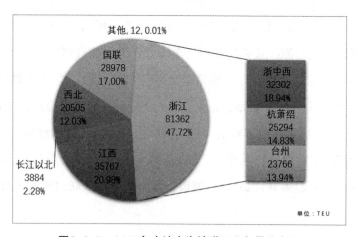

图2-2-7　2015年宁波市海铁联运业务量分布图

2015年，宁波"无水港"业务量累计完成66.69万TEU，同比增长19.95%；完成集装箱代理量108.11万TEU，同比下降5%。其中，提还箱业务量完成23.23万TEU，同比增长5.72%。如图2-2-8所示。

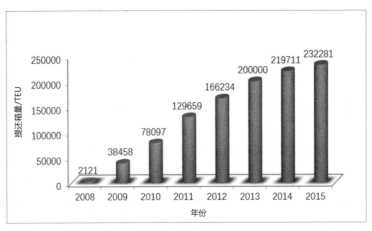

图2-2-8　历年宁波"无水港"提还箱量增长情况示意图

专栏2-2-1　海铁联运开通情况

2011年开办了北仑至上饶、北仑至台州南、北仑至温州集装箱班列。2012年台州班列完成到发集装箱1.39万TEU；从2013年1月1日起实现了每天双向对开班列，上半年月箱量基本保持在3000TEU左右。鹰潭（上饶）班列，2013年上半年共开行73班，保持每周开行3班，鹰潭（上饶）班列向西延伸到萍乡、新余，进一步扩大班列辐射区域。金华方向海铁联运班列保持稳定开行。为了进一步开发腹地，襄阳至宁波尝试采用成组运输；安徽、成都铁海联运集装箱市场都在积极推进中。恢复义乌集装箱班列有望年底实现。零散集装箱按编组计划进行运输组织。零散集装箱运输组织由于编组次数、编组站停留时间不确定等问题，铁路部门不能承诺运到时效，极大地影响了海铁联运的市场竞争力。

表2-2-15　2010年至2015年宁波港口铁路海铁联运量

年份		2011年	2012年	2013年	2014年	2015年
集装箱海铁联运	箱量/万TEU	4.67	5.95	10.5	13.51	17.05
	同比增长	65.9%	27.5%	77%	28.3%	26.2%
开通海铁联运城市数量/个		—	14	17	20	20

三、水水中转

2015年，宁波港域水水中转箱量完成470.7万TEU，同比增长10%，其中国际中转完成255万TEU，同比增长6.3%。水水中转比例约为23.7%。2015年宁波港至沿海及长江沿线港口内支线、内贸线分别达到20条和32条，完成运输量83.9万TEU和224.6万TEU。如表2-2-16和图2-2-9所示。

表2-2-16　历年宁波市集装箱水水中转情况表

指标名称	2010年	2011年	2012年	2013年	2014年	2015年
集装箱吞吐量/万TEU	1300.35	1451.24	1567.14	1677.37	1870.04	1982.43
集装箱水水中转箱量/万TEU	205	239	315	357	427	470
集装箱水水中转比例	15.8%	16.5%	20.1%	21.3%	22.8%	23.7

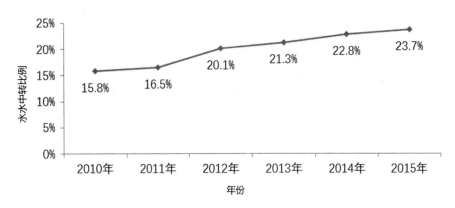

图2-2-9 历年宁波市集装箱水水中转比例示意图

"十二五"期，宁波港水水中转业务快速发展，"十二五"末，水水中转箱量达到 360 万 TEU。其中：福州支线方面，业务随着航班加密及与长荣、中远、现代、达飞等船公司深化合作，业务量增长显著，月度运输量保持在 4000TEU 左右，外贸出口重箱量维持在 2000TEU 的水平；乍浦—宁波内支线方面，2013 年完成运输量 61 万 TEU，外贸出口重箱量 12.2 万 TEU，外贸进口重箱量 18.8 万 TEU；长江线方面，中远、中海、长荣业务量呈持续增长态势；温台地区方面，温州支线恢复一周 6 班运作。

集装箱江海联运和集装箱海河联运也发展迅速。集装箱海河联运 2015 年货运量约 20 万吨，有效缓解了公路运输压力。

第四节 存在问题

港口集装箱运输是港口产业链中比较薄弱的环节，行业发展面临着诸如集约化程度低、市场自我调节能力差、企业扩大再生产后劲不足、配套基础设施建设滞后、大量民商事纠纷等突出问题，这些问题成为制约行业健康发展和社会稳定的因素。在当前国际航运市场低迷的情况下，仅靠市场调节机制难以扭转行业困难局面，必须充分利用政府的经济扶持、政策引导等调控手段，妥善解决好行业存在的突出矛盾，使之能够承担起宁波港由大港变强港的集散运输保障重任。促进宁波市道路集装箱运输行业的健康发展，是宁波市的一项长期战略任务，也是宁波市港口全面、协调、可持续发展的内在要求。

一、集装箱物流供应链各环节之间的利益博弈加剧

部分大型集装箱物流公司盈利空间有限，尤其是海运公司和船公司在集装箱产业链上处于亏损甚至濒临破产状态，许多中小型运输公司收支处于中间状态。

二、集装箱物流资本组织单一化

宁波港口集装箱物流市场主体以货代企业为主，国有资本大型一级货代企业占据市场主导地位，可以通过银行授信缓解资金压力，整个集装箱物流的资本组织相对单一化，企业资本周转流动性不足。

三、各方利益博弈导致产业链失衡

港口相关各方企业在产业链上竞争激烈，协作程度不高，资源集中度过高。工厂到仓库运输货物装箱，通过倒箱实现增值服务。但是各种物流杂费名目较多，一定程度上加剧了产业链失衡。

四、市场价格调整机制和资金回笼存在滞后现象

集装箱物流企业盈利能力不一，成本控制方式不同，纳税额度差距较大。业内的"压价"现象普遍，集卡通过挂靠方式获得一定的增值税抵扣现象普遍。目前在宁波的集卡还没有正式开展实施双程带货，集装箱物流价格

调整空间较大。

五、政府行政调控存在一定的难度

一些港口收费项目存在着监管盲区，每年因此额外增加的收费，要额外消耗集装箱企业 12 亿 ~ 22 亿元物流成本费用。

六、中转运作主体匮乏

目前，宁波单纯靠集装箱货物的进口和出口，国际集装箱中转量少，国外的新加坡、韩国的釜山港，台北的高雄港等与国际著名船公司有广泛合作，国际集装箱中转的比例比较大。上海港也采取了类似的操作模式拓展集装箱业务范围。宁波预进港业务运作主体数量匮乏，上海港外二和洋山均提供预进港业务，洋山港区可以提前三天预进，外二提前两天左右。而按照宁波梅山港区要求，必须有船舶计划才可以预进港。

第三章 集装箱物流发展形势与要求

第一节 发展形势

一、经济发展形势

（一）经济发展进入新常态

2013 年以来，中国经济发展所面临的国内外环境发生了重大变化。从国际看，世界经济已由国际金融危机前的"快速发展期"进入"深度转型调整期"。从国内看，经济发展已由"高速增长期"进入"增长速度换挡期"，或称"增长阶段转换期"。

（二）外贸形势更加严峻、复杂

外贸发展面临的国内外形势比预计的更加严峻，更加复杂，且面临很多不确定性。预计 2014 年四季度中国所面临的外贸形势依然严峻，外需疲弱、内需不振以及大宗商品价格持续低位运行共同影响中国外贸增长。

（三）高端制造业开始回流欧美，低端产业向东南亚转移

由于劳动力、环保、汇率等成本的居高不下，一些纺织服装企业特别是外资服装企业正在加速向东南亚国家转移。发达国家实施再工业化战略，高端制造业开始回流欧美。

（四）宁波舟山港实质性一体化，国际地位进一步提升

宁波舟山港合并后，集装箱总量突破 2200 万标准箱，排名进入世界前三位。义甬金大通道的建设纳入宁波"十三五"物流规划，江海铁联运前景十分广阔。

二、运价发展形势

2016 年，国际集装箱市场运价总体整体下滑明显，市场运价表平均下跌 6.9%。全球贸易量出现结构性放缓，运费处于历史低位，行业亏损现象较为普遍。上海航运交易所 2016 年 12 月 9 日发布的中国出口集装箱综合运价指数收于 766.15 点，同比下降 1%。据宁波航运交易所 2016 年 12 月 9 日发布的海上丝路指数之宁波出口集装箱运价综合指数（NCFI）收于 644.69 点，与年初基本持平。

三、市场竞争形势

"十二五"期间，宁波港货物吞吐量和集装箱吞吐量年均增速分别达到 20.1% 和 9.5%，均高于同期全国沿海港口增速（14.4% 和 8.4%）。宁波舟山港作为上海国际航运中心南翼，在长江三角洲地区集装箱运输中的作用不断加强。目前，长江三角洲地区已形成以上海港和宁波舟山港为干线港，其他港口为支线港和喂给港的分层次外贸集装箱运输基本格局，如图 2-3-1 所示。

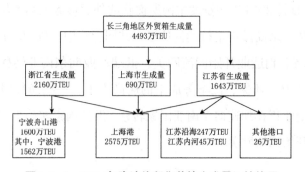

图2-3-1　2014年腹地外贸集装箱生成量运输格局

根据各自区位和集疏运条件，上海港主要服务长江沿线地区和浙江省部分地区；宁波舟山港以服务浙江本省为主，少量服务长江沿线地区；江苏沿江港口主要以喂给上海港为主，少量近洋航线直达运输；江苏沿海的连云港港口主要服务陇海线沿线地区。

第二节　需求预测

"十三五"期，我国步入新常态发展阶段，高增长发展大势已去，长三角地区作为我国外贸发达地区，基数水平较高，外贸将保持中低速发展趋势，按"十三五"全国外贸增长水平6%来测算，长三角地区增长将在4%～6%左右。

表2-3-1　长江三角洲三省市进出口总额增长

年份	增速				
	中国进出口总额	三省市合计	上海	江苏	浙江
2001	7.5%	12.3%	11.0%	10.7%	17.1%
2005	23.2%	26.2%	15.8%	32.8%	30.8%
2010	34.7%	35.5%	33.7%	36.3%	36.3%
2011	22.5%	18.6%	18.5%	16.5%	22.3%
2012	6.2%	0.4%	0.2%	1.3%	-0.9%
2013	7.5%	1.6%	0.0%	0.8%	5.0%
2014	3.5%	3.4%	4.2%	2.7%	3.5%
"十五"	24.6%	32.1%	27.1%	37.1%	31.5%
"十一五"	15.9%	16.2%	15.0%	15.9%	18.3%
2010年至2014年	9.7%	5.8%	5.5%	5.1%	7.1%

预测2020年，长三角二省一市外贸集装箱生成量5680万～6370万TEU，其中，浙江省国际线外贸箱生成量2730万～3060万TEU。宁波港

域能够达到 2000 万 ~ 2200 万 TEU。如果考虑下述因素，外贸箱生产量应该会更高。

洋山港区的运营增强了上海港的竞争力，发展了"江海联运"模式，这种运输模式也为宁波港拓展服务空间创造了机遇。

杭州湾跨海大桥建成后，宁波至上海和苏南方向的路程缩短为 2 小时，使得宁波港为浙北、上海和苏南甚至苏北地区提供集装箱运输服务成为可能，为苏南和浙北区域的集装箱提供了新的可选择口岸。

梅山保税港区享受与洋山保税港区相同的税收和外汇管理政策，依托梅山保税港区的优势，可增强宁波港服务范围和服务功能，有利于实现宁波港与上海港在体制上、功能上的协同发展，共同提升国际航运中心的竞争力。

综上所述，洋山港区、杭州湾跨海大桥及梅山保税港区等大型项目的建设，增强了上海港和宁波舟山港集装箱的集聚效应。今后，随着上海港现有岸线资源容量饱和，加上开发大洋山港口岸线资源的难度比较大，长江流域将形成和巩固以上海港为中心，以江苏苏州港、浙江宁波—舟山港为两翼的集装箱干线港布局。

2014 年宁波港内支线集装箱吞吐量为 86 万 TEU，目前，宁波港内支线集装箱主要来自嘉兴、温州、台州等地区，与上海港之间也有部分交叉流量。宁波与杭、绍、甬、温、台等主要的集装箱生成地之间距离较近，路网便利，内支线与公路运输相比优势并不明显，公路运输仍将在集疏运中占主要地位。随着宁波港集装箱吞吐量规模的扩大，内支线仍将保持一定的增长。预测 2020 年宁波港内支线集装箱吞吐量为 130 万 TEU。

2014 年宁波港内贸集装箱吞吐量为 221 万 TEU，浙江省经济中个体经济较为发达，小商品市场发展居全国领先地位，销往国内市场的商品大都是适箱的轻工产品，主要流向经济较为发达的沿海地区，进口内贸集装箱货物多为北方的粮食、南方的瓷砖等。随着我国经济发展方式逐步由出口导向型向内需型转变，扩内需政策的实施将有力促进内贸集装箱运输需求的增长，带动腹地经济的进一步发展，地区产业结构的调整及地区间的分工与协作逐步加强，高科技、高价值产品贸易的比重将增加，适箱货量将呈现增长态势。受远洋集装箱干线船舶大型化趋势的影响，内贸集装箱主导船型逐步升级换代，向大型化、专业化方向发展，对集装箱码头的要求不断提高，宁波港凭借其专业化码头的基础设施优势，将对内贸集装箱运输产生更大的吸引力。预测到 2020 年，宁波港内贸集装箱吞吐量为 330 万TEU。

综上所述，2020 年宁波港集装箱吞吐量约为 2460 万 ~ 2660 万 TEU。

第三节　港口定位

在世界集装箱枢纽港的形成和发展过程中，宁波舟山港的国际航线地位、腹地经济辐射范围和服务水平进一步提升，港口的自身条件及依托城市的影响加大，形成了独特的集装箱枢纽港发展模式。纵观世界集装箱枢纽港的三种主要类型：中转型、腹地引致型和复合型，宁波舟山港的定位是腹地引致型枢纽港。

腹地引致型的集装箱枢纽港主要有纽约、洛杉矶、奥克兰、长滩、鹿特丹、汉堡等。腹地引致型枢纽港主要是借助其区位优势、开放的港口政策、完善高效的内陆网络而形成的。这类港口主要地处美国和欧洲的海岸，港口的发展完全依赖强大的腹地经济和完整、高效的内陆运输网络体系，以维持较大规模的集装箱吞吐量，使得大型干线集装箱班轮能在此靠泊，成为枢纽港。腹地引致型的集装箱枢纽港口的集装箱集散主要是通过内陆完善的运输网络体系来完成的。

国际集装箱枢纽港是整个集装箱港口运输体系中最重要的组成部分，

它的形成需要港口有强大的腹地经济和一定规模的集装箱吞吐量、优越的港口自然条件、高效而完备的辅助支持系统、地处国际集装箱运输的干线航线及良好的城市环境。

第四节　发展要求

其一，经济发展新常态，要求港口集装箱物流业转型升级，提高产业链集聚水平。

其二，服务港口生产需求，要求港口集装箱物流优化运输结构，提高一体化服务能力。

其三，服务港口定位发展，要求港口集装箱物流扩大辐射范围，提高组织化服务水平。

第四章 集装箱物流服务体系构想

第一节 发展思路

以市场为导向，以基础设施和公共平台为基础载体，搭建海港、空港、内陆无水港"三位一体"多式联运网络，推进以海铁联运、江海联运为主的多式联运服务平台和以国际海事服务、航运交易服务、金融保险服务、信息交换服务为主的现代航运服务平台建设。以企业为主体，以规范经营模式为重点，推进现有资源的优化配置，合理进行产业规划布局，加大后勤服务保障设施建设，推广信息技术运用，充分发挥政府的组织协调和政策引导作用，充分发挥行业协会作用，培育、发展、维护道路集装箱运输市场，建立和完善现代服务体系，提高港口产业链整体竞争力，全面促进我市道路集装箱运输行业健康、和谐发展。

第二节 基本原则

一、坚持统筹发展原则

整合港口集装箱物流基地、集装箱物流通道、集卡运输装备等存量资源，促进港口与城市、城市与农村、重点区域与一般区域物流的统筹发展。积极鼓励港口相关企业内部物流资源与社会物流设施的有机整合，放大资源功能效应。加强多种运输方式的衔接与协调，大力发展甩挂运输和驮背运输，推进江海铁多式联运发展。以港口物流公共信息平台为载体，加强港口集装箱物流信息资源的整合和利用。

二、坚持市场定价原则

从尊重市场经济规律出发，合理科学地发挥政府在港口物流业规划、项目、资金、税费、智力支持等方面的引导作用，营造港口集装箱物流业良好发展环境。充分发挥市场配置资源的作用，进一步确立港口集装箱企业市场主体地位，从满足港口物流需求的实际出发，企业自主决策，注重投资的经济效益。

三、坚持互利共赢原则

建立旨在促进宁波港口经济要素有序流动、资源高效配置和市场深度融合，推动港口集装箱物流业与宁波经济发展相协调，港口相关企业间开展更为深层次、大范围的合作，共同打造开放、合理、均衡、共赢的港口集装箱物流体系。

第三节　体系框架

基础设施、服务平台、组织模式、运作模式、政策环境等体系内的要素关系如图 2-4-1 所示。

一是搭建"一带一路"无缝衔接的集装箱物流设施网络和服务体系，服务"国际港口名城""东方文明之都"。"以港促城"，加强港城融合，促进集装箱物流国际合作水平进一步提升。

二是建设公共服务平台，实现港口、铁路、运输企业之间的信息互联互通，为集装箱物流提供硬件和软件环境。鼓励集装箱企业走出去，打通海、陆、空通道，对内完善无水港布局、"黄金通道"和甬新欧大通道，对外联系中东欧，构建水路、航空和陆路集装箱物流网络服务体系。

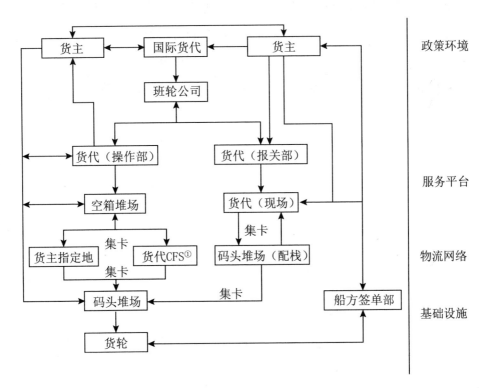

图2-4-1 港口集装箱物流组织与运作模式图

组织模式：强调区域物流辐射能级提升和多式联运服务水平，构建一批国际贸易物流、国际航运物流和跨境电商物流服务基地，实现产业链和产业集群发展。

---

① CFS, Container Freight Station, 即集装箱货运站。

运作模式：强调"互联网+"，智慧化引领，联动化发展。推广甩挂和双重运输模式。

目标：加快宁波集装箱物流产业结构升级，扶持传统集装箱物流企业向新兴服务产业转型，实现从低附加值到高附加值，从高能耗高污染转向低能耗低污染，从粗放型到集约型的转变。打造一个"专业、科技、绿色、和谐"的道路集装箱运输行业，使行业管理机制逐步健全，规模化和集约化程度明显提高，市场营运秩序和自我调节能力明显好转，科技水平和竞争力显著提升，企业经营模式和经营行为逐渐规范，配套设施及市场供需矛盾基本平衡，行业步入竞争有序、协调、可持续发展的道路。

第五章　港口集装箱组织与运营推进路径

第一节　完善港口集装箱物流基础设施

一、构建港口集装箱集疏运通道网络

综合立体交通走廊是长江经济带发展的战略支撑力，宁波要加快构筑连接长江经济带的综合交通大通道，提升对长江经济带的辐射能力。一是推进跨杭州湾的沪甬跨海交通通道建设，力争"十三五"期间完成项目前期工作。该通道建设是以国家沿海高速铁路、城际铁路为主要功能，兼具高速公路的复合交通大通道，进一步缩短宁波与上海的时空距离，构建上海、杭州、宁波的环杭州湾"三角形""1小时"高铁交通网。二是推进甬金铁路、穿山港区铁路支线等重点铁路项目建设，完善宁波至浙中、江西、湖南的货运铁路干线以及港区支线的布局。三是改造提升萧甬铁路与宣杭、淮南铁路的连接，提升技术标准和运能，逐步建设连通宁波—杭州—合肥—西安（或武汉—重庆）—兰州—乌鲁木齐（拉萨）的国家铁路运输大通道，形成新亚欧大陆桥支线。四是推进杭甬运河宁波段运行，实现杭甬运河与京杭大运河、长江的连通，构筑内河经济带。

二、构建港口集装箱堆场及停车设施体系

基本建成具备"布局合理、功能完善、能力充分、运转高效"特点的集装箱堆场服务中心。促进堆场企业的优胜劣汰，实现与国内外大型物流企业网络化发展的有机衔接。

立足区域性现代物流中心的定位，远期加快穿山区块、白峰双岙、盛岙等区块的用地规划调整，在北仑港区、穿山港区、大榭港区、梅山港区等四大主要港区后方统筹规划、集中布局六大集装箱堆场中心。

表2-5-1　集装箱堆场用地规划（2015年）

名称	选址	性质	占地面积/亩	满足港区吞吐能力/万TEU/年
进港中路	北至迎宾路，南至进港中路，西至钱塘江路，东至大碶疏港高速	已建	590	330
进港路（长江路东）	北至迎宾路，南至进港路，西至长江路，东至珠江路	已建	900	500
霞浦物流园区	北至329国道，南至穿山疏港高速，西至庙河江支河，东至临港一路	已建	392	200
穿山华峙村	北至白中路，西至白洋线，东至穿山疏港高速公路	新建	900	500
白峰双岙	南至白洋线（双岙村）	新建	600	330
白峰盛岙	南至白洋线（盛岙村）	新建	600	330
总计	——		3982	2190

尽快实施已规划的道路集装箱运输后勤服务园区的建设。充分利用现有停车用地，各区政府应强化现有临时停车用地的管理，因地制宜地加大临时停车场地的供应，充分改造、优化现有停车场地的功能，以满足道路集装箱运输车辆停车的需求。

三、搭建港口集装箱物流公共服务平台

推进宁波港公共信息平台建设，完善港口、航运、货主、代理、口岸监管部门间的电子数据联网交换。继续推进交通电子口岸建设，推动水运

口岸形成"单一窗口"，实现港航、海事、海关、国检、边检等部门的监管信息互联互通。推动港口行政管理部门、海事管理机构与口岸相关部门建立信息互换、监管互认、执法互助合作机制，优化口岸环境。

建立集装箱信息中心，提升揽货能力，提高运输效率。建立集装箱运输信息中心，构建船运公司和集装箱运输需求方的桥梁，依靠科技进步，延伸口岸服务，发挥支线港口岸服务和当地货代的揽货能力，实现双赢。信息中心的作用是接收集装箱运输的订单，尤其是小型货主企业的订单，帮助小箱量的企业完成拼单，并预约到港以后的转运车辆和装卸人员，形成一条龙服务，减少托运企业的手续环节。订单完成后，信息中心及时把订单发布给船运公司，方便船运公司组织运输，从而提高运输效率。

建立行业信息平台。搭建信息共享平台，建立企业、从业人员数据库，公布企业、从业人员基本状况、违法违规等信息，定期发布市场供求状况和指导价格等信息，提高行业信息共享程度。借鉴国外先进港口管理经验，成立专门部门负责港区铁路车站、线路的建设和运营。加快建设宁波港口统一信息共享平台，共享港口相关的政府部门和社会企业海铁联运信息。通过电子数据交换等信息技术手段，及时准确地传输货物在海铁联运过程中涉及的业务信息，保障多式联运业务层面的无缝衔接，提高业务效率和服务质量。

第二节　优化港口集装箱物流组织体系

一、优化江海联运组织体系

航运业是发挥长江黄金水道功能的重要保障，宁波要加快形成江海联运服务体系，全力支撑长江流域海进江、江进海运输。一是大力扶持航运业发展。落实《国务院关于促进海运业健康发展的若干意见》精神，加快宁波市航运业转型升级，发展壮大国际海运、沿海运输和内河运输的运力规模。二是要积极发展江海联运。进一步发挥宁波港口承担长江黄金水道矿石、煤炭、液化品等大宗物资和集装箱江海联运、水水中转的功能，做大做强集装箱江海直达运输，铁矿石、煤炭、原油等大宗物资江海中转运输。研究实施长江沿线港口到宁波港的启运港退税政策。三是稳步推动海河联运发展。在杭甬运河宁波段试通航基础上，加快锚泊区等配套设施建设，研究开展双重运输，分流公路运输压力。四是加快航运服务业发展。加强与上海、长江沿线港口合作，加快提升宁波船舶交易、船员交易市场和航运订舱平台、海运费在线支付平台等辐射能级。推进航运金融、航运保险等业务，加快航运资源要素集聚。

二、优化海铁联运组织体系

一是大力推进海铁联运发展。充分利用"宁波—华东"铁水联运项目列入国家级示范通道的优势，加强揽货体系建设，加快开发安徽、武汉、重庆等地的腹地，加快构建立足宁波、依托浙江、面向长江经济带的海铁联运体系。二是推进长江经济带内陆"无水港"建设。加强宣传推介，依托"宁波周"等形式的活动，加大扶持引导，注重实施大客户战略，拓展港口功能。

第三节　优化港口集装箱物流运营体系

一、培育集装箱多式联运经营人

鼓励港口、航运、公路运输等物流企业积极开展江海、海铁、海河、公水等联运业务，支持"一票到底"，发展壮大多式联运市场主体。推广智慧物流公共信息平台，充分发挥宁波四方物流市场、航交所、船货网、万联港无车承运人平台等既有物流信息平台的功能，加快货源、主体和信息等资源整合，积极拓展长江经济带业务。

不断优化集卡运输市场结构，鼓励集卡运输企业通过兼并重组等方式组建大集团，支持集卡联盟发展。推广应用集装箱双重甩挂运输和集装箱多式联运模式，提升运输组织效率与效益。探索建立集卡运力调配长效机制，逐步调整集卡运力结构，形成与市场相匹配的运力规模，确保市场供需总体平衡。引导集卡运输企业向现代物流转型，积极拓展产业链，开发仓储、配送、流通加工等物流业务，疏导市场竞争压力。进一步发挥宁波市交通运输协会及集装箱运输分会、堆场协会、口岸协会、国际货运代理协会等行业组织的作用，加强行业自治自律，维护集卡运输市场稳定。

二、推广集装箱物流组织联盟模式

着重阐述组织联盟的模式，资产联盟、业务联盟、资本联盟，形成品牌共享、线路共营、场站共享的企业联盟。

加强港口与班轮公司联营，扩展新的合作方式和运作模式，探索班轮公司参股宁波港试点，从外部加大港口与班轮公司的合作深度。联合集装箱物流联盟共同开发集装箱物流信息平台，加强与港口堆场、仓库、码头保税区、出口监管仓的合作共赢。扩大港口集装箱物流联盟合作范围至长三角，乃至珠三角，实现港口与港口合作联盟，共享技术、人员、机械、信息，最大限度减少空箱率，提高运输效率，降低物流成本，提高联盟各方的竞争力和抵御市场压力的能力。对地区联合市场容量预估后，构筑对港口联盟和港口使用者均有效的任务分配表，使联盟参与者利益最大化而成本最低。通过码头、堆场、仓库、保税区、出口监管仓等资源共享与协调，扩大联盟经营范围，多元化经营，规模化运作，降低交易费用。船公司和租箱公司之间的联盟合作同样减低了空箱调运成本。

三、提升集装箱运输信息化水平

加快宁波港集装箱信息化建设进程，运用物联网、RFID（射频识别）、智能嵌入技术等高新技术手段构建更为高效的集装箱物流网络，提高集装箱作业的自动化水平。发挥集装箱物流信息中心统筹协调作业，扩大集装箱物流组织与运营电子化程度，构建高度协同的智能化、集约化、移动化集装箱物流供应链。借助信息平台，集装箱进出口客户的还箱、用箱、运输等需求直接通过网络提交，集装箱物流公司通过平台完成接单、短驳甩挂、双重匹配、进口拆箱、出口进港、费用结算等操作，协助集装箱企业实现双重运输、甩挂运输做强做大。提供货代企业、集卡运输企业实时掌握集装箱动态信息，集装箱进出港信息实时查询，聚集集卡车源信息，方便集约化管理。推进码头、集装箱货运站（CFS）仓库、港区堆场等物流节点以及GPS（全球定位系统）运营商、通用软件服务商等物流服务商与国家平台数据进行基础交换和互联共享，推动交通物流行业健康、可持续发展。

第四节　创新集装箱物流协同运作模式

推广集装箱甩挂运输、双重运输等组织模式，推动甩挂运输创新发展，推进网络型、联盟型、多式联运型等主题甩挂运输组织模式加快发展，鼓励与工商企业互动的挂车池等新兴业务发展。重点推进浙江省宁波港集装箱公路甩挂运输网络联盟主题性试点项目（浙江万联甩挂运输试点项目）、浙江省中小企业网络化联盟公路甩挂运输主题性试点项目（中通物流胜速快运联盟甩挂运输试点项目）等交通运输部甩挂试点项目。支持公用型甩挂运输场站和企业甩挂运输管理信息系统建设。

利用互联网优势，探索加强异地拼箱，多地区、多国拼箱，国际联合快运业务以及港区差异化发展，提升保税增值服务港区功能、港口文化建设等软实力，充分发挥保税物流园区的政策优势，拓展集装箱运输服务领域；培育多式联运企业主体，设立特别运输资质门槛，保障服务水平；争取港建费返还、船舶登记管理优惠、退税和免税政策；争取完善集装箱物流服务标准体系，建立多式联运物流信息中心。积极鼓励政府、银行、企业、行业协会、保险机构等参与，完善支持港口航运企业发展的一系列金融政策，健全相关事中事后监管制度。向上下游产业链——贸易、物流、金融、保险——要利润。港口作为物流节点掌握重要的信息流，拓展至物流、资金流。依托国际互联网开展电子商务服务，促使集装箱资产所有者接受新的运作模式。

通过战略调整和部署进一步提高港口集装箱物流企业的服务水平。宁波港口集装箱与物流一体化实施的战略措施，缩短港口产业链条，发挥产业集聚效果，突出专业特色，做好物流园区差异化服务，对接"21世纪海上丝绸之路"国际枢纽港的国家宏观战略需要。积极引进和培育以企业为主导的集装箱物流市场应用平台，实现港口供应链物流整合与优化，鼓励中小港口物流企业应用平台化，加快促进传统物流企业业务升级。重点推进"万联港"全球港口物流供应链网络交易平台、宁波速搜物流速配货平台、宁波聚合集卡联盟电子商务服务平台、宁波小微集卡运力交易平台等企业信息平台建设。

第五节　建立集装箱物流动态监测机制

建立动态监测，优化定价机制，建立长效信息沟通机制。基本建立物流行业监测体系，定期发布宁波公路、海运出口集装箱运价指数，引导社会运力合理投放，为政府部门实行宏观调控提供基础支撑。

一、及时发布道路集装箱运输业成本价

建立完善的信息发布机制。建立道路集装箱运输市场供求状况信息发布机制和道路集装箱运输市场指导价格发布机制，及时公布供求状况和价格信息，积极引导投资者理性投资和经营者良性竞争。一是促进行业自律，规范运输市场发展。既要防止对外的价格垄断，也要避免行业内部的低价竞争、恶性竞争。二是理顺价格定价机制，及时合理调整运价。通过对道路集装箱运输成本价的种类、范围以及计算方法做出科学、合理界定，有利于行业协会之间、物流企业之间信息透明、增加互信、达成共识，理顺上下游企业间的价格传导机制，特别是在油价或通行费调整等重大政策变化时，及时、公开、合理、有序地调整运价。

二、探索道路货运行业准入调节机制

市级道路运输行业管理部门可对道路集装箱运输、道路危化品运输车辆实施新增限制，限制期一般为半年，根据实际情况可适当缩短或延长。限制期内，原则上暂停本市企业的车辆新增，外省市企业危险货物运输车辆办理备案登记手续、外省市集装箱运输车辆办理进港证时要严把企业经营资质审查和安全生产关。限制政策由市级道路货运行业管理部门根据行业运价指数与景气程度，组织专家进行评估后做出决定。确需新增的，应提交详细的需求说明材料，经属地县级行业管理部门初审后报送市级行业管理部门，由市级行业管理部门组织专家对申请进行评审后，做出是否准予新增的决定。

三、强化道路运力退出机制

严格执行道路货运企业开业许可及检查规程，新增道路集装箱运输、

道路危化品运输和道路货运站（场）企业应在开业后一定期限内达到开业条件及承诺事项，对于到期未达到开业要求的企业，可依法撤销其道路运输经营许可。加强对企业信息技术应用的管理，道路危险货物运输企业和道路货运站（场）未按规定接入省交通运输物流公共信息共享平台，情节严重的可依法吊销道路运输经营许可证。对于列入城乡客运一体化改造的班线车辆，鼓励提前报废更新，经营年限到期后依法收回经营权，不再配置。

第六节　完善集装箱物流发展政策环境

一、健全行业管理机制

（一）建立和谐运输关系

加强行业监管力度，全面落实交通部企业质量信誉考核和城市道路货运行业"四率"（遵章守规率、安全生产率、车况合标率、服务满意率）量化考核，强化从业资格管理和企业安全生产制度，建立以市场准入、过程监管和市场退出为核心的企业质量信誉等级评定体系。

（二）规范企业合作经营关系

推广使用企业合作经营合同示范文本，明确经营者与挂靠车主的权利义务，理顺相关法律关系。规范企业劳动关系，推广使用行业劳动合同示范文本，规范企业用工行为。符合规定的运输企业可申请实行不定时工作制。

（三）规范异地车辆的经营行为

研究建立异地道路集装箱运输车辆备案机制，掌握异地车辆的经营信息，引导其依法、规范经营。

（四）细化集装箱堆存行业准入规范

细化集装箱堆存行业准入规范，进一步优化集装箱堆场、仓储、停车场的布局和运营，构筑与城市交通组织协调发展的"布局合理、功能完善、能力充分、运转高效"的集装箱堆场服务中心，提高资源利用效率，更好地满足港口集装箱物流发展的需求。依托北仑集运基地，加快建设集装箱箱单中心、堆场票据中心，争取港外堆场进场开票率90%以上，口岸集装箱箱单进场打印率50%以上。

二、优化口岸服务环境

加快推进"区域通关""直通放行"等政策创新与实施，建立高效、便捷、稳定、安全的通关流程和业务合作模式。研究内陆无水港实施启运港退税等政策创新，切实把航运枢纽的功能延伸到腹地。协调铁路、航运部门，优化"义甬金大通道"建设布局，创新江海铁多式联运组织模式，完善无水港和港口间运输通道，形成港口、内河、内陆无水港和铁路班列相结合的港口多式联运物流网络。对于集装箱有关的产业政策在资金、税收、口岸服务等方面给予大力支持，对无水港部分业务给予资金补贴。

三、发挥行业协会作用

加强行业协会与政府部门的沟通与交流，配合政府部门开展调研、管理、维稳等工作，及时反馈行业动态。发挥协会的行业自律、协调、维权作用，大力开展行业从业人员技能培训、技能鉴定，加强行业研究工作，建立行业从业人员信息共享数据库。

为实现市场公平，维护集装箱物流市场运行机制，定期召开集装箱运输定价听证会，坚持信息定期公开。对集装箱物流企业有关成本进行适当弥补，如物流成本、生产成本、企业运营成本等，保障物流企业后续能够继续不断提供优质、充足的物流服务。建立科学合理的测算方法，在行业平均利润率基础上对企业提出的调价方案决策进行数据核算，协同港口、船方、堆场等多方代表共同协商调整集装箱物流价格，保证从业者工资收入水平保持稳定。制定公平、科学、合理的听证制度，保证利益各方的利益诉求得到合理回应。制定科学合理的价格协商与决策机制，提高信息透明度，减少政府为主导的行政定价，把市场定价权交给集装箱物流利益各方。完善集装箱物流成本的信息披露机制，可授权第三方独立会计公司定期公布物流企业经营状况，体现成本披露的公平性。减少审批环节，加快运价调整的审批申请，对初入市场的运输产品可采用更加有竞争力的阶段性优惠价来吸引更多的集装箱客源。

第三篇

多式联运

第一章　研究概述

第一节　研究背景和意义

　　宁波舟山港是我国海洋经济发展的龙眼，也是我省积极参与"一带一路"、长江经济带建设、海上丝绸之路经济带建设等国家战略的核心载体。从国际上看，港口经济发展面临产业变革、国际贸易规则升级更新加快等问题，全球需求不足的问题依然突出，大宗商品价格持续下跌，国际海运持续低迷，江海铁联运物流一体化的市场不确定性加大。从国内看，经济发展方式加快转变，供给侧结构性改革加快推进，新的增长方式正在孕育形成，经济长期向好基本面没有变，随着"一带一路""长江经济带"等国家战略的实施，与相关国家地区间贸易有望保持稳步增长，全国沿海港口吞吐能力总量偏大、结构性过剩，港口竞争日趋激烈，"调结构、去产能"对港口集装箱组织与运营体系将产生明显影响。从省内看，我省经济社会持续平稳发展，浙江海洋经济发展示范区和舟山群岛新区、舟山江海联运服务中心建设深入实施，多式联运集疏运体系不断完善，新一代集装箱和散货码头加快建设，全省沿海港口一体化实质性推进，我省经济增速受中美贸易战和结构优化倒逼影响加强，宁波港口江海铁联运与物流一体化面临新机遇和挑战。

就宁波港物流一体化而言，近年来虽然取得了一定的成绩，同时也存在许多不容忽视的问题，如服务意识受短期经济利益影响，没能从服务市场、服务大众的理念角度开展各项江海铁联运服务活动；码头基础设施、内河航道等级总体水平较低，综合物理联结能力较差；多式联运组织运输方面存在着价格战、行业垄断等不规范、不合理竞争，高速公路竞争压力较大，宁波港口江海铁联运物流一体化的市场处于"亚健康"状态；"互联网+"背景下，港口物流管理信息技术手段和管理水平无法与市场发展匹配，产出—投入比较小，江海铁联运物流一体化的供应链价值增值仍存较大上升空间。

本书从江海铁多式联运和物流一体化的理论内涵入手，分析了宁波港多式联运发展现状，结合宁波舟山港江海铁联运的实践，重点分析宁波港江海铁联运与物流一体化成因、经验教训与对策建议。从政府管制和政策引导层面来看，政府引导和管理是激发江海铁联运供应链节点企业活力的重要推手，能够促进宁波港江海铁联运与物流一体化朝向健康有序的方向发展。

第二节　研究目的

宁波港口物流一体化发展趋势明显，与港口相关的江海铁集装箱运输企业林立，竞争较为激烈。行业投入产出比较低，降本增效实施效果不够明显，特别是江海铁联运、物流一体化运输产业链失衡亟待深入研究并加以解决。

根据宁波市委市政府进一步贯彻落实习近平同志重要指示精神，立足宁波打造港口经济圈实际需要，本书通过对宁波港江海铁联运和物流一体化发展现状进行梳理，分析江海铁联运物流一体化运作体系目前存在的问题，结合"十三五"港口经济圈战略对集装箱物流企业组织与运营管理转型升级和降本增效要求，分析宁波港江海铁联运与物流一体化发展趋势，从政府服务角度提出具体管理和服务策略，研究的对策性成果对江海铁联运相关行业主管部门的政策制定具有重要的参考价值。

第二章 江海铁联运与物流一体化的理论

第一节 江海铁联运与物流一体化的内涵

多式联运是一种在集装箱运输的基础上产生并发展起来的新型运输方式，它以集装箱为媒介，把铁路运输、海上运输、公路运输、航空运输和内河运输等单一运输方式有机结合为一体，构成一个连续运输过程，为客户提供更为便捷的物流服务。集装箱多式联运与传统单一运输方式相比，减少了中间环节，进一步提高了运输质量，减少货损货差，降低了运输成本。

所谓江海铁联运，是指进出口货物由铁路运到沿海海港和内陆运河，或是货物到达沿海海港或内陆运河之后由铁路转运，只需"一次申报、一次查验、一次放行"就可完成的一种运输方式。江海铁联运是多式联运的主要组织形式之一，将江、海、铁等单一运输方式有机结合联为一体，被誉为运输业的一次革命。

江海铁联运和物流一体化是指以港口物流系统为核心的由运输生产企业经由港口企业、销售企业，直至消费者的供应链的整体化和系统化。它是临港物流业发展的高级和成熟阶段。物流一体化的发展可分为物流自身一体化、微观物流一体化、宏观物流一体化这三个层次。物流一体化的产生，消除了利益冲突、提高了运作效率、扩大了企业的竞争优势。

物流自身一体化是指物流系统的观念逐渐确立，运输、仓储和其他物流要素趋向完备，子系统协调运作，系统化发展。

微观物流一体化是指市场主体企业将物流提高到企业战略的地位，并且出现了以物流战略作为纽带的企业联盟。

宏观物流一体化是指物流业发展到这样的水平：物流业占到国家国民总产值的一定比例，处于社会经济生活的主导地位。它使跨国公司从内部职能专业化和国际分工程度的提高中获得规模经济效益。

物流一体化是物流产业化的发展形式，它必须以第三方物流充分发育和完善为基础。物流一体化的实质是一个物流管理的问题，即专业化物流管理人员和技术人员，充分利用专业化物流设备、设施，发挥专业化物流运作的管理经验，以取得整体最优的效果。同时，物流一体化的趋势为第三方物流的发展提供了良好的发展环境和巨大的市场需求。

发展江海铁联运是一项较为复杂的系统工程，涉及部门多、内容广，它的内涵至少包括建立完善的江海铁联运网络体系、先进的硬件基础设施（铁路、场站等和软件信息平台）、发达的贸易体系和揽货系统，服务水平高效，价格有竞争力，有成熟的市场运作主体、协调的体制机制和完备的扶持政策等。发达国家海铁联运比重一般超过20%，发展海铁联运需要统筹多方面力量，协调多部门关系，统一领导，相互配合，配套推进。以欧洲三大港口为例，德国的汉堡港是欧洲最大的集装箱铁路运输中心，港口铁路每年运输量达到160多万标准箱，占总量的25%，其中运距超过150公里的长距离集装箱运输中铁路运输的比例高达70%。汉堡港的主要做法包括：加强与码头配套的铁路基础设施建设；成立专门部门负责铁路车站、线路的建设和运营；建设EDI中心连接海关、铁路、港口、货代、码头等200多家用户，传输海铁联运相关的各种信息和电子单证；加强内陆和水陆揽货体系，保证货源充足。

比利时的安特卫普港是12条国际铁路线的始发站，每天有120多列满载货物的列车离开港口驶向内地，有 150 多列货车进入港口。安特卫普港的主要做法包括：建立完善的海铁联运网络，安特卫普港已经启动一项加强比利时同其他国家铁路和船公司合作的工程，目的是建设 18 个内陆站场，形成安特卫普港的海铁联运网络，该网络辐射范围内的集装箱量占安特卫普港集装箱运输量的 80% 以上；对铁路系统进行现代化改造和扩建，对海铁联运 EDI 中心进行升级；降低成本，提供相对于公路运输更低的价格；在海铁联运发展初期，出台一系列扶持政策。

在荷兰鹿特丹港，铁路承担的集装箱运输占总量的比重一直保持在 10% 左右，未来铁路集疏运量将提高到 15% 左右。鹿特丹港的主要做法包括：完善基础设施，建立 2 个先进的铁路服务中心，现正对铁路系统进行进一步改造；便捷、高效的通关服务，提供仓储、包装、加工、配送等一体化服务；不断创新铁路运输技术和组织方式，包括重载运输、双层集装箱运输、集装箱往返班列等；拓展海外贸易体系，建立内陆（欧洲）的营销体系、采购体系，从而构建内外一体的全球贸易体系。

第二节　江海铁联运与物流一体化的作用

江海铁联运与物流一体化的目标是应用系统科学的方法充分考虑整个临港物流生产过程的各种环境因素，对港口货物物流活动过程进行整体规划和运行，实现整个系统的最优化。在美国等发达国家的企业物流普遍实行了一体化运作，而且企业物流的一体化不再仅仅局限于单个企业的经营职能，而是贯穿于生产和流通的全过程，包括了跨越整个供应链的全部物流，实现由内部一体化到外部一体化的转变。江海铁联运与物流一体化目前只是针对临港、公路、铁路相关企业内部的各个职能部门的运作与协调。欧美等发达国家的许多企业都设立了物流部或物流服务部，全面负责生产经营过程中的采购、物料管理、生产制造、装配、仓储、分销等所有环节的物流活动，实现了采购物流、生产物流和分销物流的统一运作和管理，称为企业物流的内部一体化。

第三节 江海铁联运与物流一体化的价值

江海铁联运与物流一体化是宁波港对接"一带一路""21世纪海上丝绸之路"的重要内容，也是宁波港口的最大优势，更是宁波发展港口经济圈的突破口。通过江海铁联运加强"长江经济带"在长三角的物流枢纽作用，通过"万里甬新欧"主干线对接"丝绸之路经济带"，拥有的阿拉山口出境通道，宁波港海铁联运基本形成东北、西北出口通道两翼齐飞的格局。

一、消除利益冲突

宁波港口物流活动被分散在不同职能部门，各部门有各自追求的目标，这些目标往往相互冲突，难以形成统一的目标，为了克服部门间的利益冲突，临港物流企业将各种物流活动集成如外包或物流联盟，对港口物流进行统一运作与管理，消除部门间利益冲突。

二、成本的交替损益

物流活动各项成本间存在交替损益关系。如，减少商品储存的数量可以降低储存成本，但由于储存数量减少，在市场规模不变的情况下，为了满足同样的需求，势必要频繁进货，增加运输次数，从而导致运输成本的上升。也就是在追求库存合理性时又牺牲了运输的合理性。如采用分项物流管理，各个部门追求自身的最优化，势必会影响到整个系统的优化性。只有通过采用一体化物流管理把相关的物流成本放在一起考虑，才能实现整个系统的最优化，实现最低总成本物流。

三、提高运作效率

港口物流系统的构成要素既相互联系又相互制约，其中一项活动的变化，会影响到其他要素相应地发生变化。如运输越集成，包装越简单，反之，杂货运输对包装要求就很严格。再者，集装箱储存数量和仓库地点的改变，会影响到运输次数、运输距离甚至运输方式的改变等，因此，只有对系统各功能进行统一管理，才能更有效地提高整个江海铁联运系统的运作效率。

四、提高物流绩效

港口物流子公司作为代行企业专门从事物流业务管理的组织部门，通过独立核算、自负盈亏，使得物流成本的核算变得简单明确，有利于物流成本的控制。对物流业务统一指挥、运作有利于提高物流的交付速度、质量、可靠性、柔性和劳动生产率；通过市场交易的手段从事物流运作，有利于破除来自生产部门和销售部门的限制；与此同时，企业多余的物流能力可参与社会经营，避免了物流能力的闲置和浪费，实现了资源共享，从而实现价值增值，提高物流绩效。

五、提高竞争力

江海铁联运物流一体化只能实现港口生产线内部的最优化。很显然，临港物流供应链上的所有企业各自孤立地优化他们的物流活动，跨越供应链的物流很难达到优化。就物流成本来说，运输成本和库存保管成本在物流成本中占据绝大部分比例。依据我国的经验，近20年来运输成本在GDP中的比例大体保持在18%～20%，而库存费用比重降低是导致我国物流总成本比例下降的最主要原因。如果仅仅实行的是内部一体化，由于没有与供应商和分销商实现一体化管理，供应商或分销商往往保有大量原材料或产成品库存，这些库存保管成本归根结底都要转嫁到最终消费者身上，这种成本的转移并不能提高企业的竞争力。因此，要真正做到减少甚至消除原材料和产成品库存，降低交付成本，就必须与上游供应商和下游分销商合作，进行统一管理，统一行动，降低整个江海铁联运供应链的成本，提高企业的竞争力。

六、扩大竞争优势

核心竞争力是临港企业借以在市场竞争中取得并扩大优势的决定性力量，其内涵十分丰富，反映在技术资源、知识文化、组织与管理系统中。由于任何企业所拥有的资源都是有限的，它不可能在所有的业务领域都获得竞争优势。有的企业具有核心技术能力、核心制造能力、核心管理能力，却不具备核心营销能力、核心企业组织协调管理能力和企业战略管理的核心能力等。20世纪90年代以来，在快速多变的市场竞争中，单个企业依靠自己的资源进行自我调整的速度很难赶上市场变化的速度，因而物流企业纷纷将有限的资源集中在核心业务上，强化自身的核心能力，而将自身不具备核心能力的业务通过外包或战略联盟等形式交由外部组织承担。通过与外部组织共享信息、共担风险、共享收益将上述五种核心能力加以整合集成，从而以供应链的核心竞争力赢得并扩大竞争优势。

第三章 江海铁联运与物流一体化的发展态势

第一节 总体概况

一、发展规模

"十二五"期间，宁波港域集装箱吞吐量平均增速快于沿海港口的总体增长速度。宁波港域集装箱吞吐量在长江三角洲区域所占比重由 2010 年的 23.9% 上升至 2018 年的 25.1%，宁波作为长三角经济圈重要城市、上海国际航运中心南翼城市的作用进一步突显。宁波港口集装箱吞吐量保持稳定增加态势，从 2011 年的 1451.2 万 TEU 增至 2018 年 2710 万 TEU，经历两次"U"型增速变化，平均增速达到 9.53%；2018 年货物吞吐量居世界第一。据预测，到 2030 年，宁波港集装箱铁路集疏运量将达到 260 万标准箱（TEU），散杂铁路货运量为 2200 万吨。从未来的发展形势来看，如不及时加快发展海铁联运，加强物流一体化，将不能适应宁波港未来发展需要。

表3-3-1 2011-2018年宁波港域集装箱吞吐量统计

年份	吞吐量/万TEU	增速	评价
2011年	1451	11.6%	快速增长（大陆港口第三，世界港口第六）
2012年	1567	7.99%	平稳增长（大陆港口第三，世界港口第六）
2013年	1677	7.03%	平稳增长（大陆港口第三，世界港口第六）

（续上表）

年份	吞吐量/万TEU	增速	评价
2014年	1870	11.49%	快速增长（大陆港口第三，世界港口第五）
2015年	2063	10.32%	快速增长（大陆港口第三，世界港口第四）
2016年	2156	4.4%	平稳增长（大陆港口第三，世界港口第四）
2017年	2460	14.1%	快速增长（大陆港口第一，世界港口第三）
2018年	2710	10.16%	快速增长（大陆港口第一，世界港口第三）

二、泊位

宁波港由北仑港区、镇海港区、宁波港区、大榭港区、穿山港区组成，是一个集内河港、河口港和海港于一体的多功能、综合性的现代化深水大港。现有生产性泊位191座，其中万吨级以上深水泊位39座。最大的有25万吨级原油码头，20万吨级（可兼靠30万吨船）的卸矿码头，第六代国际集装箱专用泊位以及5万吨级液体化工专用泊位。

舟山港有机械设备271台（辆），前沿单机最大起重能力16吨。宁波港全港现有各种生产性装卸机械843台，码头起重机最大起吊能力北仑港区为56吨，镇海港区为30吨，宁波港区为5吨。场地起重机最大起重能力为40.6吨的轮胎起重机。

表3-3-2　舟山港外贸泊位一览表

作业区域	泊位名称	靠泊能力/吨	装卸货种	装卸设备及能力
老塘山	一期	15000	件杂货	2×10t S.Crane
	二期	25000	煤炭	3×16t S.Crane
吞山	一期	250000	石油	输油臂16″×3台
	二期	80000	石油	输油臂12″×3台
定海	瓦窑湾	1000	件杂货	4×8t S.Crane
	港口浦	5000	成品油	
	西蟹峙	18000	成品油	输油臂10″×2台

（续上表）

作业区域	泊位名称	靠泊能力/吨	装卸货种	装卸设备及能力
沈家门	半升洞1号	5000（限高38米）	成品油	
	半升洞2号	3000（限高38米）	成品油	
	沈家门4号码头	3000	件杂货	
	普陀山	1000	客运	

第二节　市场现状

一、市场规模

截止到 2018 年 8 月 31 日，宁波舟山港 2017 年的海铁联运业务量已达 25.4 万标准箱，同比增长 72%，仅用 8 个月时间便超过上一年全年总量，稳居我国南方港口首位。其中，集装箱集运方式中，公路占比 41.6%，水路占比 58%，铁路占比 0.47%。从数字上看，铁路多式联运方面，白沙线、洪镇线、北仑线三条港区铁路支线与萧甬铁路相连，并通过浙赣铁路、沪杭铁路、宣杭铁路与全国铁路网连接。甬金铁路增强了宁波舟山港的疏运能力，缩短了港区往浙中西及赣、闽、湘和西南地区的运距，有利于促进沿海地区海铁联运和港口集疏运体系的进一步完善。宁波穿山港区铁路也强化了宁波舟山港海铁联运的优势，为甬金铁路提供运量支撑，在多式联运合作方面也存在一定的上升空间。

表3-3-3　铁路集装箱运输量

	集装箱到发量			集装箱发送量			集装箱到达量		
	实绩/吨	上年实绩/吨	占上年比例	实绩/吨	上年实绩/吨	占上年比例	实绩/吨	上年实绩/吨	占上年比例
合计	2540855	2259210	112.5%	961193	752986	127.7%	1579662	1506224	104.9%

（续上表）

	集装箱到发量			集装箱发送量			集装箱到达量		
	实绩/吨	上年实绩/吨	占上年比例	实绩/吨	上年实绩/吨	占上年比例	实绩/吨	上年实绩/吨	占上年比例
庄桥	284014	188206	150.9%	223827	64674	346.1%	60187	123532	48.7%
宁波北	307858	296783	103.7%	111584	100363	111.2%	196274	196420	99.9%
宁波东	0	0	0	0	0	0	0	0	0
宝幢	0	0	0	0	0	0	0	0	0
北仑	0	0	0	0	0	0	0	0	0
北仑港	1530592	1306188	117.2%	612577	581505	105.3%	918015	724683	126.7%
余姚西	164063	153864	106.6%	13205	6444	204.9%	150858	147420	102.3%
蜀山	254328	314169	81.0%	0	0	0	254328	314169	81.0%

二、集装箱运价指数

2018 年上半年集装箱运价整体表现疲软，多数航线运价震荡调整，中国出口集装箱运价指数均值 795.70 点，同比下降 3.90%。上半年世界经济复苏态势好于预期，经济增长逐步摆脱低速运行态势，由此带动集装箱贸易需求稳步增长。但运力增速提速，上半年共交付集装箱船 83.1 万 TEU，全球集装箱运力达 2149.4 万 TEU，同比增长 6.7%，供给进一步加速，抑制了市场回升。

2018 年上半年，集装箱船租赁市场持续走高。克拉克森数据显示，5 月份集装箱租船价格指数为 68，同比增长 37.90%，多数船型租金创下 2015 年年底以来新高。租船价格的持续提升，反映出租船市场的火热需求，尤其是支线小型集装箱船舶。目前，1500 ~ 1900TEU 支线集装箱船在租船市场需求火爆，该船型在亚洲租船市场已供不应求。

第三节　运营模式

一、海公联运

宁波至全国（不包括西藏）所有地级以上城市均已开通公路快运线路，其中至长江经济带 11 省市公路干线运输线路达 100 条，2018 年完成公路货运量 2.9 亿吨，货物周转量 431.7 亿吨公里，分别增长 14.3% 和 12.1%。

二、海铁联运

为了提高宁波港口集装箱海铁联运比重，改变港口集装箱铁路运输"短腿"的现状，拓展宁波港口在内陆腹地的辐射力，建成国际一流的深水枢纽港，打造我国重要的现代港口物流中心，必须加快推进宁波港口集装箱海铁联运。自从 2008 年 2 月开出了首个集装箱海铁联运"五定"班列以来，宁波港口集装箱海铁联运业务迅速发展，并在 2010 年驶入了快车道，成为全国集装箱海铁联运"亮点"之一。随后，陆续开行了甬温班列、上饶至宁波北仑港两条"五定"班列及台州南至北仑港站集装箱海铁联运班列等，使得集装箱海铁联运量保持快速增长势头。2017 年宁波港海铁联运集装箱运量完成 40.1 万 TEU。

宁波海铁联运自开通以来发展势头迅猛，年增长量从 2009 年的 1690TEU，扩大到 2017 年的 40.5 万标准箱，同比增长 60%，增速排名全国首位。2015 年，新开通了合肥、兰溪等班列；铁路北仑港站取得国际联运过境集装箱货物运输资质，东南亚及东北亚地区货物可通过海铁联运过境方式，经宁波舟山港中转铁路直发运至中亚、俄罗斯、欧洲等国家和地区。

截至 2018 年底，宁波海铁联运业务已辐射至浙江省内、江西、湖北、安徽、陕西、四川、重庆、新疆等共计 15 省、46 个地级市，其中开行海铁联运班列线路 8 条。2018 年，宁波市将完成集装箱海铁联运 55 万标准箱，同比增长 36% 以上。

三、水水中转

2017 年，全市水运运力总量首次达 853.4 万载重吨，同比增长 16.2%，占全国比重达 12%，意味着我市已经迈入了航运大市。完成水运货运量 2.1 亿吨、总周转量 2281.8 亿吨公里，分别比上年增长 15.5% 和 20%。

（一）江海联运

加大宁波港至浙江嘉兴、绍兴，江苏南京、张江港、太仓、镇江等港口的集装箱班轮密度，不断提升长江内支线箱运量。依托沿海及沿江港口，增辟沿海内支线，加密航班，进一步扩大内贸集装箱运输的辐射面，提高航线密度，稳定班轮。注重选择合理的江海直达和江海联运船型，推进经认证的江海联运船舶可在长江指定区域内自由运输航行。加强船舶揽货建设，推进船舶双重运输，提升船舶利用效率。加强与舟山、长江沿线城市合作，探索建设"江海联运巴士型"物流运输通道。

（二）海河联运

杭甬运河通航渐入正轨。2014 年杭甬运河宁波段实现实质性通航，杭甬运河宁波段船舶艘数为 161 艘，通过姚江船闸货运量为 1.8 吨，到 2020 年预计货运量为 2000 万吨。有效缓解公路运输压力，实现了杭甬运河全线的通江达海。通过多方配合，顺利开展和推进杭甬运河宁波段 500 吨级通航工作。加快内河水运市场主体培育，引导组建了宁波天统航运有限公司，实现宁波参与运河运输企业的"零突破"。江北全盛、浙盐集团船队与绍兴有关企业、镇海港埠公司达成内河运输业务。

四、公铁联运

公铁联运是宁波多式联运的新亮点和增长点，主要依托宁波铁路北站，建设"甬新欧"通道，服务中东欧国际贸易发展。

（一）公铁联运基础

铁路运输具备良好的场站基础。宁波铁路货运北站 2014 年 8 月投入使用，总投资 20 多亿元，总占地面积 93333.33 平方米（约 1400 亩）。拥有仓库 7 座，总面积 37480 平方米；货物平台 2 座，总面积 37050 平方米；笨重货物作业区总面积 56600 平方米；集装箱堆场总面积 56600 平方米；各种装卸机械设备 61 台，在华东地区处于先进水平。2015 年 7 月，铁路货运北站海关监管点顺利通过了宁波海关的验收，目前共有监管场地 10000 平方米，仓库面积 1500 平方米，能基本满足当前宁波出口货物仓储、通关、转关、装卸车等一体化作业服务。

（二）公铁联运方式

宁波出口至中亚、欧洲主要通过以下四种方式组织：一是选择海运到俄罗斯东方港和符拉迪沃斯托克，再通过俄罗斯铁路或公路运输至欧洲各国；二是经水路运输到大连、营口，再通过铁路运输至满洲里国境站出口到中欧；三是通过公路、水运等方式转至其他城市开行的欧洲班列，如苏州、西安、郑州、重庆等地；四是宁波直接铁路运输至国境站出口。

随着铁路总公司货运改革的逐步深入，在原有业务办理的基础上，宁波北新货场相继开办了商用汽车专列、"五定"班列、长三角快运、批量零散快运、行包、国际联运等快捷货运业务。新增 108 类与百姓生活息息相关的批量快运业务和零散快运业务，该项业务开办以来，得到了广大企业、客户的欢迎，价格政策贴近公路，如针对宁波市轻工业发达，根据家用电器制造厂家数量的情况，专题制订家用电器类物流方案，通过议价方式再下调 35%，极大地降低了宁波市家用电器企业的物流成本。

第四节　发展中存在的经验教训

宁波港海铁联运是港口产业链中最薄弱的环节，行业发展面临着诸如集约化程度低、市场自我调节能力差、企业扩大再生产后劲不足、配套基础设施建设滞后、大量民商事纠纷等突出问题，这些问题成为制约行业健康发展和社会稳定的因素。在当前国际航运市场低迷的情况下，仅靠市场调节机制难以扭转行业困难局面，必须充分利用政府的经济扶持、政策引导等调控手段，妥善解决好行业存在的突出矛盾，使之能够承担起宁波港由大港变强港的集散运输保障重任。促进宁波港江海铁联运行业的健康发展，是一项长期战略任务，也是港口全面、协调、可持续发展的内在要求。

一是江海铁联运企业和外贸企业之间的利益博弈加剧，企业联盟抱团取暖。大型集装箱运输公司（尤其是海运公司和船公司）在集装箱产业链上收益欠佳，规模小但专业性强的运输公司基本能够保持收支平衡，许多中型运输公司收支处于中间状态。

二是宁波港口集装箱物流市场主体以货代企业为主，国有资本大型一级货代企业占据市场主导地位。私营、民营等小型货代公司资本基础较弱，货代市场份额相对较少，多以二级货代为主。整个集装箱物流的资本组织相对单一化，企业资本周转流动性不足。

三是港口相关各方企业在产业链上竞争激烈，协作程度不高，资源集中度过高，各方收费标准不统一，有较大的随机性。市场价格调整机制和资金回笼存在滞后现象。多式联运无车承运人发展较快，管理制度仍存在诸多管理空白。

第四章　江海铁联运物流一体化发展形势与要求

一、经济发展形势

中美贸易战使得外贸发展面临的国内外形势比预计的更加严峻，更加复杂，且面临很多不确定性。尽管贸易战有所缓和，中国所面临的外贸形势依然严峻。

此外，经济发展进入新常态，高端制造业开始回流欧美，低端产业向东南亚转移，也是值得重视的经济发展形势。

二、运价发展形势

上海航运交易所 2018 年 12 月 28 日发布的中国出口集装箱综合运价指数收于 834.86 点，同期下降 0.8%。据宁波航运交易所 2018 年 12 月 28 日发布的海上丝路指数之宁波出口集装箱运价综合指数(NCFI)收于 799.07 点，同期上涨 15.6%，宁波港运价呈现明显上升态势。

对于江海铁联运物流一体化发展的需求预测、定位及发展要求则和此前介绍的集装箱物流部分的内容相同，具体见第二篇第三章所述。

第五章　江海铁联运与物流一体化建设构想

第一节　基本思路

以市场为导向，以基础设施和公共平台为基础载体，搭建无缝衔接的江海铁多式联运物流设施网络，以企业为主体，以高新技术为手段，以规范经营模式为重点，推进现有资源的优化配置，合理进行产业规划布局，加大后勤服务保障设施建设，推广信息技术运用，充分发挥政府的组织协调和政策引导作用，充分发挥行业协会作用，培育、发展、维护江海铁联运运输市场，建立和完善现代服务体系，提高港口产业链整体竞争力，全面促进江海铁联运一体化，促进物流行业健康、和谐发展。

第二节　基本原则

一、坚持统筹发展原则

整合江海铁联运物流基地、物流通道、物流装备等存量资源，促进港口与城市、城市与农村、重点区域与一般区域物流的统筹发展。积极鼓励港口相关企业内部物流资源与社会物流设施的有机整合，放大资源功能效应。加强多种运输方式的衔接与协调，大力发展甩挂运输和驮背运输，推进江海铁多式联运发展。以港口物流公共信息平台为载体，加强港口多式联运物流信息资源的整合和利用。

二、坚持市场定价原则

从尊重市场经济规律出发，合理科学地发挥政府在港口物流业规划、项目、资金、税费、智力支持等方面的引导作用，营造港口物流业良好发展环境。充分发挥市场配置资源的作用，进一步确立港口物流企业市场主体地位，从满足港口物流需求的实际出发，企业自主决策，注重投资的经济效益。

三、坚持互利共赢原则

建立旨在促进宁波港口经济要素有序流动、资源高效配置和市场深度融合，推动港口物流业与宁波经济发展相协调，港口相关企业间开展更为深层次、大范围的合作，共同打造开放、合理、均衡、共赢的江海铁联运物流体系。

第三节　宁波港江海铁联运与物流一体化建设构想

一、搭建无缝衔接的江海铁联运物流设施网络体系

按照便捷、高效、通畅的要求，结合"一带一路"与长江经济带战略实施，完善江海铁联运物流基础设施，优化物流空间布局，健全物流通道体系。进一步完善江海铁联运综合运输通道和区域性物流节点城市的物流基础设施，提高互联网和移动通信网络建设水平，实现物流基础设施的互联互通，

构建高效的物流基础设施网络。

沿长江物流通道，发挥连江通海的区位优势和临港产业集聚优势，强化与长江中上游的物流对接，提升区域物流、中转联运等服务能力；沿海物流通道，发挥区位、交通、产业的比较优势，提升沿海港口的服务功能，增强港口物流服务的渗透力与辐射力；沿运河物流通道，以内河集装箱运输、大宗物资中转集散为重点，提升与其他物流设施之间的互联互通水平，增强运河作为省内水运主通道的运输能力。

二、建设江海铁联运物流一体化公共服务平台

建设江海铁联运物流一体化公共服务平台，实现港口、铁路、运输企业之间的信息互联互通，为多式联运物流提供硬件和软件环境。

（一）组织模式

强调企业联盟，实现产业链和产业集群发展。支持"互联网＋"运输协同，推进多式联运发展，培育多式联运经营主体，优化多式联运口岸监管模式。加强铁路与邮政、快递设施的衔接协同，积极发展高铁快运及电商快递班列等铁路快捷货运产品。支持"互联网＋"仓储交易，鼓励企业依托互联网、物联网等先进信息技术建立全国性或区域性仓储资源网上交易平台，探索建立物流金融网上服务平台，完善仓单登记、公示及查询体系，有效防范仓单重复质押等金融风险。支持"互联网＋"供应链管理，鼓励物流企业依托互联网向供应链上下游提供延伸服务，推进物流与制造、商贸、金融等产业互动融合、协同发展。

（二）运作模式

强调"互联网＋"。支持依托互联网平台的江海铁联运无车承运人发展，开展试点工作，培育浙江省具有全国影响力的无车承运人。支持"互联网＋"车（船）货匹配，发展船联网等物流信息平台，促进船货高效匹配，并拓展信用评价、交易结算、融资保险、全程监控等增值服务。支持"互联网

+"运力优化，鼓励企业利用大数据、云计算、区块链技术，加强货物流量、流向的预测预警，优化货物运输路径，实现对配送场站、运输车辆和人员的精准调度。

（三）发展目标

加快宁波港江海铁联运物流产业结构升级，扶持传统多式联运物流企业向新兴服务产业转型，实现从低附加值到高附加值、从高能耗高污染转向低能耗低污染、从粗放型到集约型的转变。打造一个"专业、科技、绿色、和谐"的多式联运行业，使行业管理机制逐步健全，规模化和集约化程度明显提高，市场营运秩序和自我调节能力明显好转，科技水平和竞争力显著提升，企业经营模式和经营行为逐渐规范，配套设施及市场供需矛盾基本平衡，行业步入竞争有序、协调、可持续发展的道路。

第六章　措施与建议

第一节　加强组织领导

加强"十三五"时期港口江海铁联运组织领导，准确把握"十三五"时期港口物流发展的新特点、新要求，切实将海洋港口经济发展作为"十三五"时期新的经济增长点。各相关港口主管部门应根据宁波港江海铁联运与物流一体化发展需要成立发展专项领导小组，明确责任分工和时间节点，建立工作推进机制。发改、交通、海洋渔业、国土资源、建设、财政、经信、商务、环保、水利、口岸监管等部门要加强统筹协调职能，着力解决江海铁联运发展中的重大项目、重大政策的落地。进一步发挥港口集装箱物流发展专项领导小组办公室的作用，强化江海铁联运规划编制及组织实施、政策制定、统筹协调、考核评定等职能。加强江海铁联运工作专业队伍建设，调整和充实宁波港江海铁联运的管理机构。理顺宁波港多式联运组织与运营管理体制，推进宁波市、舟山市两市江海铁联运领导小组办公室统一归口管理。加强宁波港江海铁联运相关行业协会的组织建设，强化行业自律、调解和市场开拓职能，发挥行业组织的桥梁纽带作用。完善港口多式联运统计调查制度和统计信息管理制度，提高统计数据的准确性、权威性和时效性。

第二节　加强政策引导

围绕"十三五"时期宁波港江海铁联运发展要求，明确主要任务和重点工程等港口多式联运物流集疏运体系发展要素，加强江海铁联运相关产业政策引导和国家相关政策支持，支持港口码头、航道锚地、港口集疏运体系、港航物流、临港制造业等产业项目落地，加强项目用地保障，进一步发挥政府的宏观调控作用。加大对江海铁联运软硬件设施的投放，推进江海铁联运资源市场化配置进程，完善集装箱甩挂运输制度，加推多式联运绿色环保制度，优先安排电力拖车上牌指标。精简江海铁联运物流报关审批流程，加快港口企业项目投资审批速度。进一步强化政府在江海铁联运物流标准化建设、智慧港口物流网络建设、物联网、传感器等先进技术推广应用等方面的推动作用，为智慧港口物流发展创造环境和条件。

第三节　加强资金扶持

统筹协调江海铁联运发展专项资金，加大对江海铁联运业发展的支持力度。专项资金重点支持港口智慧物流建设、集装箱物流企业转型升级、大宗商品交易平台建设、公共物流信息平台建设、物流人才培养等。各级主管部门要结合实际增加江海铁联运专项资金，支持港口物流业发展。积极争取和推动国家有关部门的各项财政补助和省市各级政府财政性资金投入江海铁联运物流设施设备等公共基础设施建设。积极组织港口相关企业申报国家级项目，申请国家物流业相关扶持资金，争取优惠的财政和税收政策。

宁波市交通运输委与财政局共同制定并颁布实施《宁波港航发展专项资金管理办法》，对落户宁波的国际集装箱班轮公司地区总部或操作中心、国际大型跨国配送中心和货代公司宁波地区总部给予一次性搬迁费用资助；对在宁波港新增的集装箱国际班轮航线、沿海内支线和公共驳船班轮航线的经营人给予相应的奖励；对组织集装箱重箱从内河和沿海水路到宁波港中转出口的经营人给予一定的奖励；对开通海铁联运"五定"班列的实际经营人给予相应的奖励。奖励或资助的对象主要是宁波港口发展中的风险环节和薄弱环节，以及能对港口和社会带来巨大经济效益的"总部经济"环节。按照宁波市政府《关于印发加快宁波港海铁联运发展若干扶持政策意见（修订）的通知》（甬政发〔2012〕23号）和《宁波市人民政府印发关于进一步加快宁波市海铁联运发展财政扶持政策实施办法的通知》（甬政发〔2015〕18号），拟订了具体的配套政策措施，同时制定有关认定办法、申报指南、操作规程等。运用政府有限的财政资源，达到促进港口产业链均衡发展，进一步提高宁波港整体竞争力的目的。

将江海铁联运行业纳入现代物流业发展专项资金管理范畴，每年从物流业发展专项资金中安排相应的江海铁联运行业发展扶持资金，主要用于以下几个方面：对江海铁联运行业信息系统及服务平台给予适当资助；对经行业主管部门认定的重点江海铁联运企业进行资助；对江海铁联运行业GPS公共服务操作平台给予适当资助；鼓励甩挂运输方式，提高车辆装备水平，加大江海铁联运行业节能减排的投入与资助；促进江海铁联运行业发展的其他扶持项目。

第四节　加强人才培育

深入实施科技兴港、人才强港战略，创新港口物流科技支撑和人才培养办法。围绕完善多层次港口物流教育体系，提高专业化人才培养质量，重点培养港口高层次物流人才。发展港口物流业从业人员在职培训，加强职业技能教育以及促进港口物流人才培养的国际合作。制定宁波市港口物流高层次人才实施细则及人才引进目录，重点引进港口发展、港航物流、航运电商、航运保险、航运经济等领域高层次人才，在住房、户籍、子女入学、津贴补贴等方面给予政策倾斜。完善普通高等本科院校、高等职业技术学校、中等职业技术学校三个层次的人才培养体系。拓宽人才培养途径，探索宁波高校相关专业与研究机构的合作模式，规范港口物流领域职业资格认证，开展国际化高级人才培训。积极引进英国皇家采购与供应学会（CIPS）认证和英国皇家物流职业认证（ILT）。制定人才激励政策，引进国内外优秀物流专业人才，尤其是港口物流和物流工程技术方面的复合型人才、熟悉国际物流业务运作的高级人才和业务操作人才，为物流业的快速发展提供智力保障。

第五节　加强标准建设

推动江海铁联运物流服务标准化体系建设，对照国家有关集装箱作业标准文件的要求，依据宁波港集装箱码头内部管理的特点，构建符合实际并具有针对性、可操作性和可执行性的江海铁联运服务标准体系。明确港口企业管理的具体目标、有关法律法规，以及服务通用基础、服务保障、服务提供标准体系具体指标，梳理江海铁联运服务体系之间的关系，服务标准体系涵盖港口企业生产、经营、管理、服务的各个方面。推进集装箱码头业务受理、装卸、堆存、装拆标准化流程，明确江海铁联运组织与运营科学、有序的规范化管理内容，促进生产链、供应链、产业链能够较好地衔接，避免社会资源浪费，实现节能降耗、降成本，提高港口的整体服务质量和管理水平，提升宁波港核心竞争力。

第四篇

交通

第一章　宁波交通基础与发展环境

第一节　宁波交通基本情况

宁波地处长江经济带出海口要冲，形成了以港口为龙头的综合交通体系，现代化国际大港的地位基本确立。杭州湾跨海大桥等重要交通基础设施项目成果运营彻底改变了"瓶颈制约"的区域交通末端状况，遍及乡镇的交通网络改善了群众出行，给区域经济带来了活力，宁波交通在推动宁波经济社会发展中发挥了重要作用。

宁波注重公路、铁路、水运、航空的协调发展的综合立体交通体系投资建设。2020年交通建设投资约221亿元，其中公路投资140亿元，水运投资35.6亿元，铁路投资30.4亿元，民航投资9.3亿元，城市公交投资1.26亿元，其他交通投资4亿元。2020年春运，宁波市对外交通客运量约1170万人次，同比增加1.6%，运输供需总量矛盾进一步缓和。2020年长江经济带交通运输量预测如表4-1-1所示。

表4-1-1　2020年长江经济带交通运输量预测

指标	单位	2013年	2020年	年均增长
客运量	亿人	181	310	8.0%
旅客周转量	亿人公里	15867	26320	7.5%
货运量	亿吨	179	270	6.0%
货物周转量	亿吨公里	68203	103910	6.2%

2015 年开始，新开工一批重大项目，三门湾大桥及接线、梅山保税港区多用途码头等重点项目，杭甬高速复线宁波段一期建设动工。重点推进杭州湾跨海大桥杭甬高速连接线、栎社机场三期等续建项目，实施国省道提升项目 13 个，改造里程 46.2 公里。完成重大在建项目 9 个，建成铁路北站迁建、铁路宁波南综合客运枢纽等项目，开通条帚门航道，新增农村联网公路 197 公里。实施重大前期项目 39 个，高速公路石浦连接线、六横公路大桥、穿山港区中宅码头二期等前期工作、宁波至余慈城际铁路、港口铁路支线、甬金铁路等前期工作有序推进。按照全市智慧城市建设总体部署，加快构建智慧交通"1411"体系（一个指挥中心、四个支撑平台、一张协调网络和一套监管机制），形成大格局管理模式。加强宁波四方物流市场与国家物流公共平台的互联互通，积极申报交通运输部创新平台。截至 2014 年 10 月宁波固定资产投资如表 4-1-2 所示，全社会运输量如表 4-1-3 所示。

表4-1-2 2014年10月宁波固定资产投资表

指标	年计划投资/万元	完成投资/万元		完成年度计划投资比例	同比增减	环比增减
		本月	本年累计			
一、公路	1200676	147539	1023490	85.24%	-6.34%	45.35%
1.高速公路	150000	44000	109815	73.21%	-42.20%	319.05%
2.干线公路	851821	88567	768132	90.18%	9.74%	23.72%
3.农村联网公路	32512	2633	25451	78.28%	-43.24%	32.18%
4.公路场站	166343	12339	120092	72.20%	-24.01%	-29.20%
二、水运	137706	14000	118481	86.04%	-53.56%	-47.57%
1.沿海港口建设	137706	14000	100322	72.85%	-60.67%	-47.57%
2.内河港区建设	0	0	15300			
三、铁路	150000	16000	139000	92.67%	-31.16%	220%
四、民航	291000	28007	206687	71.03%	27095.66%	-10.38%
五、城市公交场站	38803	2657	29056	74.88%	59.42%	2611.22%

（续上表）

指标	年计划投资/万元	完成投资/万元		完成年度计划投资比例	同比增减	环比增减
		本月	本年累计			
基本建设小计	1818185	208203	1516714	83.42%	-3.32%	26.53%
六、技术改造	469787	42959.87	437672	93.16%	32.32%	14.65%
1.公路养护	109787	18616	75317	68.60%	23.03%	111.61%
2.港口技改	80000	10000	109339	136.67%	48.00%	11.11%
3.运输装备购置	280000	14343.87	253016	90.36%	-23.51%	-27.09%
总计	2287972	251162.87	1954386	85.42%	2.89%	24.32%

表4-1-3　2014年10月全社会运输量表

指标	完成量		同比增长比例	
	本月	累计	本月	累计
一、货运量/万吨	3526.36	32863	6.54%	8.20%
1.铁路运输量/万吨	187.71	2022.56	-24.40%	-16.48%
2.水路运输量/万吨	1443.62	13211.11	6.25%	2.48%
3.公路运输量/万吨	1894	17620	11.28%	17.06%
4.民航货物吞吐量/万吨	1.03	9.33	23.68%	19.08%
二、货物周转量/万吨公里	1835270.46	16866206.62	2.97%	-0.28%
1.水运货物周转量/万吨公里	1548868.46	14221160.62	1.64%	-1.60%
2.公路货物周转量/万吨公里	286402	2645046	10.84%	7.46%
三、客运量/万人	1506.91	13726.04	7.50%	-5.63%
1.铁路运输量/万人	328.6	3009.93	32.87%	34.93%
2.水路运输量/万人	27.22	148.96	-0.43%	-22.38%
3.公路运输量/万人	1093	10031	1.11%	-13.99%
4.民航旅客吞吐量/万人	58.08	536.15	26.07%	16.64%
四、旅客周转量/万人公里	90158.16	625732.17	31.19%	-5.15%
1.水运旅客周转量/万人公里	151.16	731.17	-4.32%	-22.37%
2.公路旅客周转量/万人公里	90007	625001	31.27%	-5.13%

一、水运

2014 年，宁波港口货物吞吐量 5.26 亿吨，比 2013 年增长 6.2%。完成外贸货物吞吐量 2.97 亿吨，增长 7.6%。大宗散货三大主要货种呈现"两增一减"的态势，其中完成铁矿石吞吐量 1.02 亿吨，增长 15.2%；完成原油吞吐量 6152.7 万吨，增长 0.5%；完成煤炭吞吐量 7412.8 万吨，减少 6.5%。全年宁波港集装箱吞吐量 1870.0 万标准箱，增长 11.5%，吞吐量超过釜山港，排名跃至世界第 5 位，全国第 3 位。调整优化航线数量和航班密度，积极开发东盟、南亚、西亚等经济板块的"21 世纪海上丝绸之路"新航线，全年新开航线 11 条，实现共拥有航线 228 条，其中远洋干线 113 条，近洋支线 62 条，内支线 21 条，内贸线 32 条。海铁联运业务进展快速，全年共完成海铁联运 13.5 万标准箱，增长 28.4%，增幅列全国 6 个示范通道首位。2014 年 10 月宁波港口吞吐量见表 4-1-4 所示。

表4-1-4　2014年10月宁波港口吞吐量表

	计算单位	当月完成量	同期增长	累计完成量	累计增长
集装箱吞吐量	万TEU	154.65	14.21%	1579.81	11.90%
货物吞吐量	万吨	4383.75	7.93%	43949.89	6.80%
旅客吞吐量	万人次	16.73	7.52%	137.81	-0.97%
其中：发出量	万人次	8.68	6.65%	70.51	0.77%

2014 年 10 月底，全市水路客货运量分别达到 148.96 万人次、32863 万吨，客货周转量分别达到 731.17 万人公里、14221160.62 亿吨公里。完成杭甬运河一、二期改造工程，基本建成余姚东港区、奉化方桥港区等内河港区，内河"十一五"规划目标基本实现。杭甬运河通过能力达 500 吨级，全线基本达到四级航道标准。

二、航空

截至 2019 年 12 月，宁波栎社机场飞行区扩建工程已完成，机场现有跑道长 3200 米，宽 60 米，机场跑道由 4D 级升为 4E 级，配有先进的通信导航和航行管制设备，可起降波音 747、空中客车 A340 等四发远程宽体客机。机坪面积 14.2 万平方米，有 16 个停机位，其中 7 个近机位。航空货站建筑面积达到 7881 平方米，拥有国内出发到达、国际出发到达 4 个库区，功能设置基本达到了现代物流要求标准。机场三期工程加快推进，完成投资 21.4 亿元。2018 年，宁波市杭州湾新区通用航空机场正式获批，机场一期将新建跑道一条，满足各类固定翼飞机、小型公务机和直升机起飞使用要求。目前，栎社机场已开辟宁波至北京、上海、广州、沈阳、西安、厦门、南昌、海口、汕头、深圳、长沙、南京、温州、昆明、成都、兰州、珠海、合肥、黄山、桂林、重庆、大连、青岛、武汉、福州、哈尔滨、乌鲁木齐等国内航线。开辟东南亚区域航线 55 条、欧洲区域航线 29 条、北美区域航线 14 条、澳新区域航线 13 条、日韩区域航线 12 条、台湾地区航线 8 条、中东区域航线 6 条、非洲区域航线 2 条、香港地区航线 1 条，目的地遍布世界 5 大洲 35 个国家 61 个城市，为宁波及周边地区旅客出境提供了便利。2014 年宁波机场全年完成旅客吞吐量 635.9 万人次、货邮吞吐量 8.16 万吨、总起降架次达到 5.39 万架次，同比增长 16.48%、23.39% 和 15.97%。

宁波栎社机场按照安全优先、服务卓越的发展原则，"客货并举，以货为主"的错位发展思路，为旅客、货主、航空公司、驻场单位提供优越的保障条件。

三、铁路

铁路宁波北站是全国一等铁路货运站，占地面积 35.7 万平方米，设有货位 648 个，有 15 条货物装卸线，16 条专用铁路线，办理整车、零单、集装箱运输和水陆联运业务，承担宁波、温州、台州等浙东沿海地区物资的调运集散任务。

建成甬台温铁路，完成萧甬铁路电气化改造等工程，杭甬客专开工建设，铁路枢纽（宁波站改建、宁波北站迁建、货运北环线新建）项目完工。萧甬铁路（宁波至萧山）衔接浙赣、沪杭等线，全长147公里，其中宁波境内66.5公里，萧甬铁路宁波段复线全线贯通。另有沟通宁波至镇海港区、镇海炼化公司的洪镇支线23公里，宁波至北仑港区铁路支线35.5公里，年通过能力1000万吨。余姚至慈溪地方铁路全长13.7公里，年设计通过能力175万吨，与萧甬线上的新蜀山站接轨通车。萧甬铁路客（货）车通过能力42.3对，客车12对，年货物运输能力达到1200万吨的水平。

铁路宁波站是全国一等客运站，日开行班列能力近200对。站房面积7.4万平方米，可同时容纳9000余名旅客候车，高架候车厅约2万平方米，站台雨棚面积5.95万平方米，总建筑面积逾28万平方米。站场总规模14台16线，设2条正线，14条旅客列车到发线。铁路宁波站工程总投资120亿元，其中铁路工程投资35.14亿元，其他为地方配套设施。

四、公路

2014年，宁波完成交通基础设施投资183亿元，全市公路总里程11045.4公里，公路网密度112.5公里/百平方公里，达到中等发达国家水平。年末等级公路10506.9公里，其中高速公路495.8公里，一级公路1125.9公里，二级公路777.2公里，三级公路1575.8公里，四级公路6532.2公里。

五、公交

宁波市公共交通总公司总资产达3.9370亿元，其中净资产为2.4109亿元。至2014年底，共有车辆2122辆，运营车辆2024辆，其中国Ⅲ以上排放车辆占比93.97%，空调车比例100%，天然气车占比28.75%，混合动力车占比2.96%，人车比为1∶2.6。

公交线路达153条（主线133条、支线18条、区间线2条），线路长度2542.8公里，年总行驶里程1.13亿公里，服务范围覆盖宁波市老三区、镇海区、高新区、高教园区及近郊部分市级风景区。

截至 2019 年 10 月全市公共交通情况如表 4-1-5 所示。

表4-1-5　2019年10月全市公共交通基本情况

一、公交基本情况		全市	同比增减	环比增减	市六区	同比增减	环比增减	各县（市）	同比增减	环比增减
车辆数/辆		8852	-1.6%	-0.9%	6088	-1.6%	-1.7%	2764	-1.5%	0.7%
标准运营车辆数/标台		9978.6	-2.1%	-1%	7276.6	-2.8%	-1.8%	2702	0.1%	0.9%
运营线路总条数/条		1164	-6.4%	0.4%	629	5.4%	0.2%	535	-17.2%	0.8%
运营线路总长度/公里		22996.8	4.5%	0.6%	12552.5	6.2%	0.2%	10444.4	2.4%	1.1%
客运/万人次	本月客运量	4861.2	-3.4%	5.3%	3594.7	-2.4%	5.8%	1266.6	-6.2%	3.9%
	累计客运量	48047.7	-2.9%		35124.4	-1.8%		12923.3	-5.7%	
行驶总里程/万公里	本月行驶里程	4221.9	-1%	2.6%	2883.5	0.9%	3.6%	1338.3	-4.8%	0.4%
	累计行驶里程	41045.1	-0.1%		27674	1%		13371.1	-2.4%	
二、出租车基本情况		全市	同比增减	环比增减	市六区	同比增减	环比增减	各县（市）	同比增减	环比增减
运营车辆数/辆		6288	0%	0.1%	4801	-0.5%	0%	1487	1.6%	0.3%
客运量/万人次		1044.1	-17.1%	2.7%	707.2	-20%	4.1%	336.9	-10.4%	-0.1%
营运里程/万公里		3797044.9	57743.1%	66117.3%	4106	-15.4%	4%	3792938.9	221518.3%	212199.3%
三、公共自行车		全市	同比增减	环比增减	市六区	同比增减	环比增减	各县（市）	同比增减	环比增减
车辆数/辆		43415	0.3%	-2.5%	37415	0.4%	0%	6000	0%	-15.5%
租用量/万辆次		266.8	-3%	5.4%	249	-3.8%	5.8%	17.8	9.7%	-0.6%
网点数/个		1697	4.2%	-0.4%	1382	4.9%	4.5%	315	1.6%	-17.3%
四、轨道交通基本情况		本月	累计	同比	环比					
标准运营车辆/标台		1290	1290	45.8%	0%					
编组列数/列数		86	86	45.8%	0%					

（续上表）

一、公交基本情况		全市	同比增减	环比增减	市六区	同比增减	环比增减	各县（市）	同比增减	环比增减
客运	客运量/万人次	1741.8	13373.5	56.9%	7.2%					
	周转量/万人公里	12201.8	103600.6	44.2%	4.9%					

宁波市 2019 年度新购节能与新能源公交车 861 辆，比例达 92.48%。2019 年度宁波市节能与新能源公交车共计 3888 辆，运营里程数达到补贴标准的为 3153 辆，运营月数 36492 月。

六、港口

宁波以港兴市，是中外闻名的商埠。在近代史上，宁波新兴工商业发展较早，"宁波帮"更是蜚声海内外。如今，由北仑港区、镇海港区、宁波港区组成的宁波港，是一座多功能、多层次的综合性港口。现已建成 500 吨至 25 万吨级泊位 52 座，与世界 79 个国家和地区 400 多个港口开通了航线。北仑四期、五期，大榭招商国际，梅山港区一期集装箱码头，大榭 E 港区 1 号泊位，大榭三菱 PTA 化工等一批万吨级以上码头等建设完工，港口总吞吐能力达到 3.3 亿吨。

随着北仑深水良港的开发建设，宁波逐渐由河口城市向海港城市演进，并形成三江、镇海、北仑三片滨海临江发展的空间格局。

第二节　宁波参与长江经济带建设交通发展的优势和劣势

一、宁波参与长江经济带建设交通发展的优势

宁波作为长三角副中心城市，在新一轮的长江经济带建设中拥有良好的机遇。要充分发挥自身的优势资源禀赋，进一步增强宁波的城市功能，提升宁波交通在长三角城市群中的战略地位与作用。具体优势体现的以下几个方面：

一是长江经济带发展的战略机遇优势。2014 年 9 月 25 日，《国务院关于依托黄金水道推动长江经济带发展的指导意见》及《长江经济带综合立体交通走廊规划》发布。这两份文件中，国务院提出加快打造长江黄金水道，扩大交通网络规模，优化交通运输结构，强化各种运输方式衔接，提升综合运输能力，到 2020 年，建成横贯东西、沟通南北、通江达海、便捷高效的长江经济带综合立体交通走廊。宁波地处长江经济带和上海经济圈重叠处，是发展我国海上丝绸之路战略的重要支点和桥头堡，地理位置优越，港口岸线和土地资源都比较丰富，对推动面向长江经济带建设和腹地拓展运输直通服务意义重大，也是宁波构建面向地区间合作重要交通枢纽的现代运输体系的重要环节。作为长江经济带建设的桥头堡和对外开放港口城市，为宁波交通发展带来前所未有的战略机遇优势。

二是独特的地理区位优势。宁波地处长三角地区南部，我国东部沿海的中间，也是亚太经济区、太平洋西岸的中心地带，拥有极好的海上交通优越条件。同时，长江下流贯穿长三角北部城市与上海，能够溯江而上带动我国中西部地区，成为带动全国发展的龙头。

从全国综合交通运输网络布局规划来看，宁波处于综合交通运输网络的枢纽地位：宁波港被列为四大国际深水中转港和我国20个主枢纽港之一；宁波被交通部列为全国45个公路主枢纽之一；在全国公路规划中的12条公路主骨架中，同三线即沿海国道主干线经过宁波、上海—成都连接线宁波—杭州—南京起于宁波；水运方面，宁波地处长江三角洲，既有远洋和沿海运输优势，又有通过江海联运直达长江沿江地区各主要港口的优势。杭甬运河，上接京杭运河，下联宁波港，对贯通钱塘江、曹娥江、甬江三条水系，拓宽港口经济腹地有重要作用；全国规划的沿海铁路经过宁波，并有萧甬铁路和甬金铁路，使宁波形成非常好的铁路枢纽站地位。

三是交通基础设施发展优势。宁波市公路网已形成一定的规模，公路网道路交通条件得到较大的改善。公路网里程发展迅速，技术等级、行车服务水平均达到较高水平，县乡公路交通条件也得到极大改观，乡镇公路建设成绩显著，与国民经济和社会发展之间的矛盾基本上实现缓解。根据《宁波市国省道干线路网路线调整规划》，国省道15条，总规模1590公里，国道和国道联络线共计里程约397公里，省道（扣除国道共线段）共计里程约1193公里。

规划国省道干线公路网中（包括在建和新改建路段），一级公路（含城市道路）长约1136公里，占总里程的71.5%；二级公路（含城市道路）长约159公里，占总里程的10.0%；三级公路长约117公里，占总里程的7.3%；四级公路长约178公里，占总里程的11.2%。规划国省道干线公路网技术等级为1.58，二级及二级以上公路为81.5%。另外，规划国省道干线路网中城市道路共计约174公里。总规模约1590公里的国省道干线公路网构建后，将构成一个功能完整、覆盖广泛、能力充分、衔接顺畅、服务公平、运行可靠的国省道干线公路网络。新国省道干线公路网建成后将覆盖宁波市所有7个卫星城节点，以及所有22个中心镇节点。

四是县域经济和民营经济发展的先导优势。宁波地区体制改革起步较早，民营经济发达，市场体系发育相对完善，体制、机制灵活，企业活力强劲。同时，对外开放较早，经济外向程度高，对外贸易活跃，引进外资积极，对外合作广泛，是我国外贸出口、引进外资和对外经济合作的重点区域。

经过改革开放的多年快速发展，宁波市已建设成为全国县域综合经济实力最强、临港产业发展基础最好、对全国影响和带动作用最大、社会发展水平较高、人民生活较为富裕的城市群。工业化、城镇化发展较快，现代化程度较高，人均GDP达到15000美元以上，已达到中等发达水平，是我国综合经济实力最强的区域。

五是科教文化与人文底蕴的优势。宁波人文底蕴深厚，人文荟萃、人才辈出，科教事业较为发达，历来为科教名城和历史文化名城。宁波县域区域经济发达，城市化进程推进较快，人口密集，城镇体系完整，城市功能分工相对清晰，长江经济带建设海上门户地位突出，城市地位明确、功能清晰。发达的经济发展水平，优越的人文地理环境，为宁波对接沿江综合交通运输体系提供了需求保障。

二、宁波参与长江经济带建设交通发展的劣势

宁波在经历了30多年的快速发展后，交通运输业依然存在着一些不足，表现的以下几个方面：

一是交通运输服务水平不高。在对接长江经济带建设过程中，与中西部地区在交通网络衔接上相对滞后，合作层次不高、信息缺乏共享，多种运输方式之间分隔等问题依然十分明显，衔接不够顺畅。

二是依托长江经济带建设的现代物流多式联运体系发展滞后。受交通运输技术标准不统一的限制，滚装甩挂运输规模化程度低，综合运输组织化程度不高，社会成本居高不下，严重制约了港口服务能力的拓展，也限制了长江经济带上下游之间的产业转移。由于物流装备水平较差，内河运

输难以通过规模运输实现成本节约。铁路货运总量和航空客流量偏低，运输结构不尽合理。

三是低碳交通和生态交通给宁波交通建设发展带来了更多的制约因素。宁波周边临港工业发展大多依赖高能耗产业，黄标车和高排放车辆的限行进一步制约了宁波交通运力的发挥，也给未来的宁波交通发展带来了更多技术性难题。

第三节　长江经济带建设中宁波交通的内涵解析与推进

一、宁波交通的历史地位

宁波地处东海之滨，"三江"之口，全国海岸线中段，地理及自然条件优越，有着得天独厚的水路运输条件，交通运输业尤其是水路运输业不仅源远流长，而且一直比较发达。

宁波的繁荣发端于海洋，唐宋元三朝，宁波沿海商埠林立，客商云集；新航路开辟前夕，它是欧洲人魂牵梦绕的商贸口岸。直到明清实行海禁，这座"海道辐辏"的枢纽港与大航海时代遗憾地擦肩而过，宁波港一度荒废，成就了近代上海的繁荣。早在16世纪宁波双屿港已经成为亚洲最大的海上贸易基地，早期绘制的国外地图，"宁波"更是早于"浙江"出现。据史料考证，宁波人是最早到达欧洲的浙江人。

新中国成立以后，宁波市人民政府致力于恢复交通、发展生产，交通运输事业得到了迅速发展，尤其是党的十一届三中全会以后，经过三个"五年计划"及三年"交通年"的建设，宁波交通运输事业取得前所未有的成绩。

新中国成立初期，由于战争而遭受破坏的港口功能开始恢复。1958年，建成"白沙联运 1"号和"白沙联运 2"号两座 3000 吨级码头；至 1959 年，宁波码头增加到 7 座（不含货主码头），港口吞吐量达到 137.4 万吨；60 年代中期至 70 年代中期，港口发展缓慢。自 1979 年起，宁波港经过 10 多年的大规模开发建设，先后建成镇海和北仑两个港区，并在宁波港区增加泊位，完善设施，新建了可容纳 3000 旅客候船的客运大楼。从而由原来单一的区域性河岸港，发展成为由北仑海峡港、镇海河口港和老市区河岸港组成的多功能综合型港口，并且成为全国规划建设中的四大国际深水港之一。与此同时，宁波沿海的石浦、象山湾、穿山等港口也得到相应发展。宁波市第九次党代会更是将宁波交通运输定位为以港口为龙头的重要交通枢纽。

二、长江经济带建设中宁波交通的发展内涵

随着国家"一路一带"宏观战略规划逐步具体落实，宁波交通的枢纽地位、海上丝绸之路战略支点和龙头龙眼地位凸显，对宁波交通作用和地位的界定标准显著提升。习近平总书记当年在浙江工作时明确指出，宁波要充分利用好开放和港口优势，打造辐射长三角、影响华东片的"港口经济圈"。李克强总理 2014 年 11 月到浙江考察时，希望宁波、舟山共同打造江海联运服务中心，成为长江经济带龙头的两只龙眼之一。一只龙眼是上海和大小洋山，另一只龙眼是宁波、舟山。浙江省委书记在省委经济工作会议上也明确提出，要加快宁波"港口经济圈"建设。

本书将长江经济带建设中宁波交通发展的内涵总结为：抓住长江经济带建设契机，适应宁波经济发展对"四位一体"综合立体交通通道建设的客观需求，以沿海开放带动内陆腹地开发，打通长江经济带交通走廊，以"一枢纽，两平台，四工程"为主线，适度超前，提升宁波舟山港为长江经济带上全国综合运输枢纽功能港和国际港口物流中心城市、节点城市，建设成为智能交通和产业交通综合改革示范区。具体包括：拥有层次分明、

结构合理、布局优化、运作高效、发达的综合交通运输网络节点设施体系，与周边区域及国际交通运输实现一体化，具备先进的运输装备，能够提供高效、便捷、公平的高质量运输服务，满足低能耗、环保、科技先进、安全的可持续发展要求。

三、长江经济带建设中宁波交通的推进基础

（一）国家政策基础定位

从全国综合交通运输网络布局来看，除机场和内河外，宁波公路、铁路、海港等运输方式均处于国家级综合交通枢纽地位。在国家制定与颁布的《中国交通发展规划》《长江三角洲地区现代化公路水路交通规划纲要》《物流业调整和振兴规划》等相关规划中，宁波被列为全国 42 个国家级综合交通枢纽、21 个全国性物流节点城市和长三角物流区域的 3 个中心城市之一；宁波港口是我国沿海 20 个主要港口之一；宁波同时也是 50 个国家级铁路枢纽城市和 18 个全国铁路集装箱中心站之一。

（二）区位条件优越

宁波东临东海、直面太平洋，西连长江流域和内陆地区，南接海峡西岸经济区，北与江苏、上海、杭州为邻，是长江黄金水道和南北海运大通道构成的"T"形宏观格局的交汇地带，也是我国多条国际航道深入太平洋经济圈的前沿地区，长江经济带重要出海口。

（三）港口优势得天独厚

宁波舟山港区域是我国深水港口资源最丰富的地区，港域内近岸水深10 米以上的深水岸线长约 333 公里，港口建设可用岸线约为 223 公里，尚未开发的深水岸线约为 184 公里，建设深水港群条件非常理想，是上海国际航运中心的重要组成部分和深水外港。连续 4 年居世界海港首位，集装箱吞吐量 1500 万标准箱以上，稳居全球前 6 位，是长江经济带江海河联运重要枢纽，同时也是长江经济带重要战略物资保障区。

（四）产业基础发展良好

临港工业、高新技术产业和现代服务业参与国际分工层次较高，自主创新能力强，辐射带动能力大。具有较好的产业基础，三产结构比为4.8：50.0：45.2，企业资本雄厚，资本和人才聚集度高，多项经济指标位列长江经济带第一。

四、长江经济带建设中宁波交通的推进目的

（一）对接沿江综合交通运输体系，提升宁波对外枢纽服务功能

加强宁波与长江中上游地区综合交通通道建设，推进长三角综合交通一体化，发挥全球最大综合港——宁波舟山港优势，提升现代物流发展承接能力，更好承担起服务长江经济带发展功能。

（二）加大综合交通基础设施建设投资力度，加快综合交通通道建设

进一步强化口岸门户功能，提升宁波舟山港在上海国际航运中心中的战略地位，以资本和业务为纽带，发挥长江黄金水道大宗物资和集装箱江海联运、水水中转、海铁联运的重要功能，重点加快港口项目建设，增强国家战略物资储运、中转配送能力。加快构筑辐射长江中上游地区的陆路运输通道，进一步提升对长江中上游地区的辐射能力，缩短与长江经济带各大区域之间的时空距离。支持宁波舟山港海铁联运试点延伸到长江经济带各铁路枢纽。加快与中西部地区、中西亚、中东欧和东盟国家陆地和海上交通开发，推进"甬新欧"贸易物流线建设，使宁波港成为连接"一带一路"和长江经济带的重要枢纽。

（三）发展生态、低碳、智慧交通，调整不合理的运输结构比例

产业交通发展倾向滚装甩挂运输和低碳、智慧型运输设备的开发与应用，提升临港工业和临港产业基地能级，减轻长江流域上中游生态环境压力，促进长江经济带产业布局优化。调整运输结构和运输方式，向集约化、智能化、一体化运输方式转化。

五、长江经济带建设中宁波交通的推进依据

宁波市人口总量将随着城市化进程加快而进一步增长。2019 年末，宁波市常住人口数达 854.2 万，比上年末增加 34 万人；出生率为 9.5‰，死亡率为 4.8‰，自然增长率为 4.7‰；城镇化率为 73.6%，比上年末提高 0.7 个百分点。

在宁波市人口规模增长和经济发展的驱动下，宁波市城际城乡客货运输仍保持快速增长趋势。根据宁波城际城乡客货运输近年发展规律特征，以调整运输结构为发展思路，综合考虑各种运输方式的承载力，2019 年，全社会完成货运量 6.8 亿吨，比上年增长 11.3%，货物周转量 3976.9 亿吨公里，增长 10.6%。全年完成全社会客运量 1.15 亿人次，增长 4.4%。其中，公路客运量 3829 万人次，下降 0.8%；铁路客运量 6197.9 万人次，增长 7.9%；民航客运量首次突破 1200 万人次，达到 1241.4 万人次，增长 5.9%。

第四节　长江经济带建设中宁波交通的机遇和挑战

一、长江经济带建设中宁波交通的机遇

第一，《国务院关于进一步推进长江三角洲地区改革开放和经济社会发展的指导意见》中明确长三角要建设成为亚太地区重要的国际门户，并把大力发展现代物流业放在发展现代服务业的首要位置。这对宁波来说是难得的发挥港口优势、大力发展海铁联运、促进现代服务业发展的历史机遇。

第二，根据国家《综合交通网中长期发展规划》，宁波被列为全国性综合交通枢纽 42 个节点城市之一；国务院《物流业调整和振兴规划》将宁

波列为全国性物流节点城市；国家《中长期铁路网规划》也将宁波列入全国 18 个城市集装箱中心站建设范围。这些规划为宁波争取更多国家层面的支持、利用国家政策拓展港口腹地提供了良好的政策基础。

第三，2007 年 11 月，铁道部与宁波市政府签署《关于加快宁波地区铁路建设与发展的会谈纪要》，铁道部明确表示大力支持宁波发展海铁联运，合力推进铁路后方通道建设，完善宁波铁路枢纽，将宁波打造成内陆货运的重要出海口，以及走向亚太、通往世界的重要门户。2009 年 3 月，铁道部和宁波市积极创造条件，合力推进宁波地区铁路建设与发展，签署《关于加快宁波地区铁路建设会议纪要》，进一步明确加快宁波地区国家干线铁路项目建设、共同培育壮大海铁联运市场等事宜。2014 年 3 月，宁波市交通委在全国率先出台《宁波市高速公路网规划（2013 年—2030 年）》，明确"二环十射四连四疏港"建设目标。

第四，2009 年 4 月，《宁波—舟山港总体规划》获交通运输部和浙江省政府联合批复。根据这一规划，宁波—舟山港是上海国际航运中心的重要组成部分，是集装箱干线港和完善上海国际航运中心运输功能的重要依托，是长三角地区及长江沿线地区能源、原材料等大宗物资中转港，是发展临港工业和现代物流业的重要基础。这为宁波港域的发展和腹地拓展提供了规划基础和政策条件。

第五，2009 年，宁波先后与四川省和义乌、上饶、鹰潭、南昌等铁路浙赣沿线城市签署政府、口岸、铁路系统等多个层面的合作框架协议，围绕加强经贸合作、培育集装箱海铁联运业务、加强口岸大通关合作等达成共识，建立健全互利、高效的合作交流机制，促进地区经济和集装箱海铁联运的发展。

第六，根据十八届三中全会《中共中央关于全面深化改革若干重大问题的决定》，要推进丝绸之路经济带、海上丝绸之路经济带建设，形成全方位开放新格局。已开发新疆—宁波港集装箱海铁联运出海通道，带活"两带一路"整盘棋。

二、长江经济带建设中宁波交通的挑战

（一）港口竞争日益激烈

宁波港域面临的竞争，一方面自境外，如新加坡、日本、韩国等国港口先行发展国际集装箱运输的竞争优势，不少港口还为开拓我国腹地推出优惠政策，对我国港口的国际竞争力产生较大影响。另一方面，来自境内港口的竞争压力也不容小觑：一是争建港口。从北到南多家港口均提出要成为国际航运中心或干线港。二是争抢货源。在全球经济和我国外贸进出口增幅趋于萎缩的形势下，长期以来"水涨船高"式的港口吞吐量增长模式已发生重大变化，拓展腹地、加强揽货成为港口吞吐量增长的主要手段。港口企业纷纷与货主和船公司结盟，提高揽货能力，在沿海沿江沿线沿路布点，建立揽货网络，以求扩大腹地锁住货源。尤其是上海港、厦门港、深圳港等港口与宁波港域存在腹地交叉，竞争日趋激烈。三是争创优势。在体制上，争批保税港区；在行政上，制定促进港口发展政策；在硬件上，争建深水港；在人才上，加大培养和引进力度；在科技上，加大资金投入。四是争减收费。在某些方面甚至出现不理性的无序竞争。

（二）产业结构和产品结构调整的影响

一方面，随着作为宁波港域直接经济腹地的浙江省及周边地区产业结构和产品结构的调整，虽然进出口额仍然保持增长，但运输量需求相对减缓；另一方面，宁波港域的直接腹地商务成本较高，投资和产业出现向公共腹地转移的趋势，这进一步提高了港口之间的竞争程度。

（三）其他挑战

与上海港、深圳港相比，宁波港域综合服务环境有待加强，口岸查验效率还有一定差距，综合费用有待降低，金融、法律、信息咨询、人才培训等公共服务能力相对较弱，集装箱班轮航线数量、班次、密度、收费标

准也有一定差距。在经济全球化的背景下，国际大型物流公司控制国际贸易总流量中的 70% ~ 85%。据调查，江苏省约 70% 的外贸货量掌握在国际物流公司手中，浙江省这一比例约为 50% ~ 60%，而这些国际物流公司的中国分公司以及长三角地区的物流基地基本都在上海，这种局面对宁波港域的货源开拓非常不利。宁波港域面临的挑战与机遇并存，如何把握机遇，发挥优势，在产业转移中积极主动地拓展港口经济腹地，增强对腹地的渗透力，形成现代物流规模优势，已成为事关宁波经济发展全局的大计。目前，宁波集装箱海铁联运仍处于起步阶段，而深圳早在 2004 年就开通至成都、南昌等地的海铁联运专列，厦门、上海至南昌的海铁联运也分别于 2006 年 6 月和 2007 年 4 月开通。宁波亟待借助海铁联运网络的强劲发展势头抢占新兴货源市场，拓展港口经济腹地。

第二章　海上丝绸之路和长江经济带
建设背景下宁波交通的定位

国家上位规划对宁波的定位为：宁波是国家"五横五纵"综合运输大通道上海—瑞丽通道和沿海通道的重要节点城市，是 42 个全国性综合交通枢纽城市之一，是 21 个全国物流节点城市之一，是海上丝绸之路支点城市、面向亚太的长三角门户城市之一、上海国际航运中心的主要组成部分。

本书认为，宁波交通还应从国际物流中心和长江经济带发展对宁波国际枢纽港的角度定位，具体可分为以下四个方面。

一、海上丝绸之路与宁波交通的关系定位

宁波是连接海上丝绸之路、丝绸之路经济带和长江经济带"两带一路"的枢纽区，是长江黄金水道和南北海运大通道构成的"T"型宏观格局的交汇地带，具有连接东西、辐射南北的区位优势，处于长江经济带与大陆沿海东部海岸线交汇处，紧邻亚太国际主航道要冲，背靠中西部广阔腹地，区位条件突出。对外可加强海上通道的互联互通，扩大我国与世界各国的互利合作，宁波舟山港与世界上 200 多个国家和地区的 600 多个港口开通了 235 条航线，是国内发展最快的综合大港，同时是东盟国家输往韩国、北美等地国际贸易货源的重要中转站，也是连接东南亚和日韩黄金航道的

交通枢纽，海上战略物资重要储备区。

二、长江经济带建设与宁波交通的关系定位

宁波对内陆可通过"长江经济带"连接"丝绸之路经济带"，辐射中西部地区，以海铁联运的"无缝对接"实现中西部地区"借船出海"，促进沿海经济带与长江经济带的融合互动发展。宁波舟山港区域已成为亚洲最大的铁矿砂中转基地、全国最大的商用石油中转基地、国家石油战略储备基地、华东地区最大的煤炭中转基地，发挥着国内外资源配置和国际要素集散功能，在长江经济带建设中，宁波交通有着举足轻重的作用。

三、长江经济带上其他城市的功能定位及其对交通的要求

（一）重庆

中央实施"两带一路"倡议，尤其是建设长江经济带和丝绸之路经济带，为重庆扩大向东向西对内对外开放提供了重大机遇。重庆位于新丝绸之路和长江经济带交汇处和战略节点，是长江经济带的"龙尾"、长江上游航运中心、西南地区综合交通枢纽。依托长江黄金水道实施向东开放战略，依托渝新欧铁路实施向西开放战略。可谓"西部开发开放的重要战略支撑"和"长江经济带的西部中心枢纽和内陆开放高地"，这强调了重庆在中国全国的发展定位，也加强了重庆在上游地区的作用。

（二）成都

成都是丝绸之路经济带和长江经济带的交汇点和结合部，是长江经济带战略的重要支撑点，西南地区重要的商贸、金融、科技中心，以交通和通信枢纽，是西部城市中综合经济实力最强的城市之一和最具竞争力的城市。成都工业化水平整体上高于西部其他中心城市，是西南地区重要的综合性工业基地，现已形成较为完善的工业体系。成都在西部大商贸中优势明显，商贸中心的功能持续增强。交通和通信枢纽的功能不断增强，以铁路、

民航、公路为骨干的运输体系基本形成。

（三）武汉

与武汉"十二五"规划表述的"巩固提升中部地区中心城市地位和作用，努力建设国家中心城市"有所不同，武汉市政府提出将武汉打造成"长江经济带发展的战略支点和全国重要的中心城市"，彰显武汉要突出在长江经济带建设中的战略位置。

（四）九江

九江提出了构建长江中游的重要支点，将九江列为长江经济带建设中的改革先行先试区的思路跃然纸上。

（五）岳阳

岳阳市提出了要建设成为长江中游综合交通运输枢纽、中部地区开放型经济新高地、区域合作创新引领区等想法。而岳阳"十二五"规划仅提出要做现代工业大市、现代航运物流旺市、现代旅游热市、现代生态宜居城市等。在长江经济带政策驱动下，岳阳市政府提出以岳阳为桥头堡，辐射带动洞庭湖生态经济区、湘资沅澧四水沿线区域、城镇发展的新型开放型经济发展格局。

四、长江经济带建设中宁波交通的地位

（一）宁波国家级综合交通枢纽地位

随着杭州湾大桥、舟山大陆连岛金塘大桥、甬台温铁路、杭甬运河、杭州湾新区机场等一系列综合交通重大基础设施的建成，形成以港口为龙头，公路、水路、铁路、航空多种运输方式协调发展的综合交通网络，城市综合交通枢纽功能和国家级综合交通枢纽地位均得到提升。

（二）宁波港口城市的门户战略地位

海洋经济和港口建设发展紧密关联、互为依托，港口经济是海洋经济发展的核心支撑，海洋经济发展也能更好地促进港口经济的发展。因此在

具体的规划内容中，要兼顾港口建设与海洋经济发展的关系。

国务院批复的《浙江海洋经济发展示范区规划》期限到 2020 年，在编制海洋港口发展"十三五"规划时，兼顾海洋经济与港口经济两个方面的内容，把主要内容放在港口建设与发展上，并以此来推动海洋经济的提升发展。

规划根据全省海洋港口一体化发展的决策部署，按照全省港口规划、建设、管理"一盘棋"，港航交通、物流、信息"一张网"，港口岸线、航道、锚地资源开发保护"一张图"的总体要求，提出积极推进形成以宁波舟山港为主体、以浙东南沿海港口和浙北环杭州湾港口为两翼、联动发展义乌国际陆港及其他内河港口的"一体两翼多联"的全省港口发展格局，全面提升全省港口整体实力。对宁波舟山港现有 19 个港区，划分为重点发展港区、优化发展港区、特色发展港区三类，合理推进建设与发展，同时推进大宗商品泊位区向北部集聚、集装箱泊位区向南部集聚。

（三）内陆无水港对外贸易先导区地位

宁波是长江经济带中上游城市的海上出口和门户，不仅服务于长三角地区，对长江中上游也有很强的辐射作用。长期以来，内地依托黄金水道将物资源源不断运往宁波，充沛的运力和便利的交通，使得内地经济对宁波港的依赖程度与日俱增。宁波通过参与长江经济带建设，加强交通基础设施建设，提升交通运输物流服务水平，这种依赖程度得以不断强化，早就促使宁波造就了内陆无水港对外贸易先导区地位，也使宁波经济更好地融入了长江经济带。

第三章　长江经济带建设中宁波交通的目标、发展原则

第一节　宁波交通的发展目标

根据国家及行业主管部门对交通运输行业现代化的发展要求和宁波经济社会现代化对宁波交通运输的要求，结合宁波交通运输发展实际，宁波市交通的目标如下：

一、构建现代立体综合运输体系

进一步加强综合交通运输网络节点基础设施建设，大力推进"软硬件"结合，继续调整符合社会主义市场经济要求的交通运输市场结构，完善管理体制，加强交通科技创新能力和管理水平，推进交通运输效率和交通公平性，加快发展现代物流业，快速提升交通运输服务水平和质量。重点建设各种运输方式一体化、城乡交通发展一体化、区域交通发展一体化的"三个一体化"和各种交通网络的衔接和协调、通道走廊的衔接和协调、枢纽的衔接和协调的"三个有机衔接"，加快构建一个由公路、铁路、水路、航空、管道等各种运输方式有机组成，与城市交通分工协作，"更协调、更经济、更高效、更公平、更安全、更环保"的综合运输体系，2015年实现综合交通运输现代化程度的80%以上，基本实现交通基础设施现代化，

到 2020 年全面实现综合交通运输现代化。重点建设六横—梅山疏港高速。

二、打造国家级综合交通枢纽和重要节点

进一步确立宁波的国家级综合交通运输枢纽中心城市的地位，适应宁波及长江经济带上中游不断增长的社会物流需求，完成国家级综合交通重要节点建设内容。随着国家打造中国经济新支撑带战略，长江经济带地位得到大幅提高，宁波作为长江经济带海上门户的作用愈加凸显。包括加强宁波舟山港作为上海国际航运中心的重要组成部分，承担长江黄金水道五大货种等大宗物资和集装箱江海联运、水水中转的重要功能。到 2020 年，重点建设宁波舟山港 16 个 5 万 ~ 10 万吨级集装箱泊位、11 个 25 万 ~ 30 万吨级煤炭泊位、26 个 0.5 万 ~ 45 万吨级油品泊位、5 个 3.5 万 ~ 30 万吨级矿石泊位等港口项目。提升长江黄金水道运输设备（船舶）综合技术水平，推进互联网和制造业融合深度发展（"互联网 +"），并形成产业交通的规模效应。

三、成为对外开放枢纽港和门户港

促进长江经济带的贸易交流，以宁波对外开放枢纽港和门户港建设为契机，到 2020 年重点建设宁波梅山保税港物流园区省部共建物流园区，同时加快建设宁波公路国家运输枢纽。启动舟山北上通道研究，支持宁波舟山港海铁联运试点延伸到长江经济带各铁路枢纽。

第二节　宁波交通的发展原则

一、科学发展，适度超前原则

根据浙江省和宁波市对长江经济带建设中宁波交通建设的总体部署，

按照交通运输发展适度超前于当前经济发展的总体要求，以国务院批准实施的水运、公路、铁路、民航等各种运输方式相关规划为指导，科学布局，合理规划长江经济带建设中宁波综合交通运输体系，加强长江经济带与其他区域间以及与国际的交通运输联系，充分发挥交通运输在支撑经济社会发展中的基础保障和先行引导作用。

二、智能科技，低碳经济原则

注重科技交通投入与应用，既要加快基础交通建设进程，也要着力提升智能交通科技水平的安全性、可靠性和应急保障能力，促进现代交通运输朝着智能化、高科技化、低碳化方向发展，转变传统交通运输经济发展方式，努力构建资源节约型、环境友好型交通运输行业，强化交通运输节能减排，建立以低碳为特征的综合交通运输体系，实现可持续发展。

三、安全高效，惠及民众原则

以民众需求为导向，进一步强化交通安全意识，创新管理机制，高效推进长江经济带综合交通运输体系建设。充分发挥地方各级政府和社会有关方面的积极性，形成推进长江经济带综合交通运输体系建设与发展的合力，最终惠及民众。

四、统筹规划，突出重点原则

发挥长江经济带建设中宁波综合交通运输体系的骨干作用，统筹运输结构调整，认真规划布局，注重各种运输方式的比较优势和组合优势，处理好整体与局部的关系，加大铁路运输发展倾斜度，推进公共交通服务均等化，突出城际交通基础建设发展重点。

第四章　长江经济带建设中宁波交通的作用

第一节　地区经济增长的拉动作用

宁波港集装箱吞吐量的增加直接拉动作用明显，而腹地综合工业总产值的增长对港口集装箱吞吐量的快速增长作用并不明显。临港工业的技术密集型导致高新技术产品在工业产品中的产值比重不断增长，并进一步带动资本、技术、信息、人才等生产要素向港口直接腹地集聚。沿长江经济带向中上游将会形成产业转移趋势带，带动高新技术向西部地区传递，从而实现地区经济增长的拉动作用。宁波港有着广阔的经济腹地，结合区域资源禀赋，实现港口分工合作，错位发展，将可以实现功能互补。

第二节　流域经济与海洋经济的衔接作用

浙江民营经济非常发达，投资欲望强劲，这是浙江发展海洋经济的重要优势。长江经济带流域经济的发展为海洋经济发展提供了有力支撑，同时海洋经济发展又能够促进流域经济更好的发展。特别是发展港航物流服务业，需要有大量物资和商品的进出需求为支撑，因此海陆之间是一种良性互动的关系，要注重海陆联动统筹发展，把海洋资源的优势和陆域产业、科技、人才等优势有机结合起来，促进海陆发展在战略规划、空间布局、产业优化和体制机制创新等方面的统筹协调，加快港航物流服务业的发展。

一、发挥现有优势，创新发展模式

基于宁波的海岸线和港口优势，以及良好的发展基础，可以进一步发挥宁波储运规模较大的石油、金属矿石、煤炭等大宗商品的优势，加快推进大宗商品交易平台和重要能源资源储运基地建设，提升贸易现代化水平，大力发展流通加工、分拨配送、国家采购、转口贸易等增值服务，提高物流增值的综合经济效益。

二、完善基础设施，提升配套能力

完善进港航道、锚地、疏港公路铁路和重要枢纽等集疏运网络，实现多种运输方式的无缝对接。整合港口资源，建设一批深水港区，提高港口通过能力，满足未来超大型干散货轮和集装箱航运需要。加强港口合作，拓展重庆、长沙、武汉、义乌、衢州、丽水等"内陆港"服务功能，建设区域性资源配置中心、集装箱和大宗商品的集散中心。推进多式联运系统建设，增强江海、海陆和海空联运能力。发挥水水中转优势，开辟内支线和国家航运，按照港区联动、甩挂运输、多式联运等现代物流的要求，拓展港口功能。

三、增强服务能力，提高服务水平

加快港航服务领域的金融创新，提升电子口岸信息系统功能，增强港航物流的服务能力。坚持交易、金融、制造、信息有机一体，同步发展。积极发展船舶融资、航运资金汇兑与结算等航运金融服务。提升大宗商品集散服务功能，加快港口网络信息服务平台建设。同时，还要加强宁波、舟山等口岸的通关服务能力，加强对货源物流的研究，提高服务水平，进一步发挥宁波—舟山港的吞吐能力。

第三节 港口经济的腹地拓展作用

宁波港域腹地主要是长江流域七省二市（上海市、江苏省、浙江省、安徽省、江西省、湖南省、湖北省、四川省和重庆市）组成的长江经济带，其中长三角地区为直接腹地，其他区域为公共腹地。长三角地区作为长江流域经济带核心区，是我国对外开放的前沿和重要经济增长极。长江中上游的安徽、江西、湖南、湖北、四川和重庆等五省一市地域广阔，具有丰富的矿产资源和一定的工业基础，也是我国重要的粮食生产基地。随着长三角辐射能力的增强和产业梯度转移进程的加快，长江中上游五省一市逐步优化产业结构，培育适于自身特点的经济增长点。由于我国沿海地区外贸货物集装箱化程度已经相当高，进一步发展空间有限，这些省市将成为长三角港口群、珠三角港口群和东南沿海港口群腹地拓展的竞争焦点。

第五章 宁波交通地位与作用提升的对策与建议

第一节 加快"一枢纽，两平台"交通基础设施建设

重点建设沪甬跨海交通通道（杭州湾跨海大桥二通道）、四明山高速公路、杭州湾跨海大桥余慈中心连接线，形成"二环十射四连四疏港"网络格局，继续强化宁波区域高速公路主枢纽的地位。以港口集疏运体系优化为目标，加强高速公路、机场、铁路与港口的交通路网衔接，促进宁波港江海铁路多式联运的发展，提升港口集疏运高速通道的能力。加快建设集装箱综合运输场站，集装箱一体化运输组织与运营管理可行性论证，大力发展智慧港口物流。

第二节 向对外开放门户港和枢纽港转型

以无水港和海铁联运建设为契机，为出口货物提供便捷报关报检手续，提高集疏运能力，确立宁波海上丝绸之路门户港和枢纽港地位；依托航运中心连接国际市场的优势，打造宁波对外开放战略平台，落实长江经济带全方位开放战略部署，与"一带一路"倡议实施相结合，以上海航运中心为核心，着力提高宁波口岸对外开放水平，增强服务国际贸易发展能力，

全面推进海铁联综合试验区向对外开放门户港和枢纽港转型。

第三节　建立物流联盟和市场联盟

建立长江经济带沿江政府与政府间、政府和企业间长期合作保障机制与定期协商机制，保障合作的可持续发展。建立长江经济带物流合作联盟，依托长江经济带这根"主轴"，在宁波、武汉、长沙、重庆等重要节点城市，逐步建立统一、开放的合作平台。沿线各省区将深化海关、交通运输、金融、税收等领域合作，在政策和法律上为物流联动发展"开绿灯"。物流联盟成员将共同建设统一开放、高效有序的物流市场，密切与长江中上游地区合作，共同打造连接欧洲、中亚和东亚的海上丝绸之路便捷物流通道。借鉴长三角地区的模式，尽快实施"通关一体化"，最大限度节省货物周转时间和物流成本。

第四节　加快港口物流园区建设

建立和完善长江经济带港口物流园区协调发展机制，加强与各地政府在港口规划、建设、经营与管理方面的沟通和协调。以市场为导向、以资本为纽带，鼓励港口企业通过合资、合作、联盟等方式，跨行政区域投资、建设和经营，实现港口资源在长江经济带上优化配置。推动航运中心与临港产业联动发展，打造长江经济带产业开放的战略平台。依托宁波港产业布局临港工业园区，打造临港产业集群，推动港口产业集聚及其相关产业链建设，提升港口产业的凝聚力。

第五节　逐步完善宁波交通建设的软环境

一是要加大人才培养力度，培养各层次的物流专业人才。通过长期培养与短期培训、机构培训与在职培训等多种方式，尽快造就一大批熟悉物流业务，能够胜任物流行业不同层次工作的专业人才。二是要完善人才使用和考核制度。制定并推行物流职业资格证制度，规范对物流职业资格认证主体的管理。三是要改善人才创业环境。在政策上鼓励有关部门和企业积极从国外直接引进物流工程技术人员和具有第四方物流管理经验的人才，为他们提供优越的生活条件和工作环境。四是要与高校科研院所建立长期合作关系，保证合作单位每年拨付一定比例的科研经费。

参考文献

［1］刘贵富.产业链基本理论研究[D].长春：吉林大学，2006.

［2］王宏强.产业链重构：对京津冀产业协同发展的新思考[J].中国党政干部论坛，2016（2）：72–74.

［3］王宏强.产业链重构：概念、形式及其意义[J].山东社会科学，2016（5）：189–192.

［4］石永强，邹卫华，张智勇，等.基于国际分工的核心企业产业转移供应链重构研究[J].科技管理研究，2012（19）：126–133.

［5］李美云.基于价值链重构的制造业和服务业间产业融合研究[J].广东工业大学学报（社会科学版），2011，11（5）：34–40.

［6］陆颢.全球价值链重构的新特征与中国企业价值权力争夺[J].企业经济，2017（4）：131–135.

［7］佘珉.全球价值链重构与中国外贸结构调整的研究[D].南京：南京师范大学，2014.

［8］刘飞.交通运输在现代物流发展中的地位和作用[J].科技与企业，2013（23）：300.

［9］谭大辉.推进"六大转变" 构建综合交通运输体系——对宁波交通运输转型发展的战略思考[J].宁波经济（三江论坛），2010（6）：3-5.

［10］陈武.发展好海洋合作伙伴关系——深入学习贯彻习近平同志关于共建21世纪"海上丝绸之路"的战略构想[J].东南亚纵横，2014（1）：3-5.

［11］张传龙."上海自贸区"和"再造长江经济带"影响下的宁波港[J].中国港口，2014（3）：24-25.

［12］赵琳，徐廷廷，徐长乐.长江经济带经济演进的时空分析[J].长江流域资源与环境，2013，22（7）：846-851.

［13]]李翠军.中、西部长江经济带在中心节点城市带动下实现崛起——兼论武汉在湖北长江经济带中的龙头带动作用[J].科技创业月刊，2010（12）：1-3.

［14］孟蕾.港口物流理论分析研究[J].商业文化（学术版），2007（4）：207-208.

［15］王坚.我国港口物流发展模式研究[J].交通建设与管理，2008（10）：40-48.

［16］韩增林，王成金.港口物流特点与影响因素分析[J].中国港口，2001（8）：38-40.

［17］CARBONE V. The changing role of ports in supply –chain management: an empirical analysis [J]. Maritime Policy & Management, 2003,30(4):305-320.

［18］BICHOU K, GARY R. A logistics and supply chain management approach to port performance measurement[J]. Maritime Policy & Management, 2004, 31(1):47–67.

［19］陆永明.港口供应链管理研究现状及述评[J].改革与战略，2009，25（11）：176–178.